Ligia Cademartori

O PROFESSOR E A LITERATURA
para pequenos, médios e grandes

2ª edição

1ª reimpressão

Série
Conversas com o Professor

autêntica

Copyright © 2009 Ligia Cademartori
Copyright desta edição © 2024 Autêntica Editora

Todos os direitos reservados pela Autêntica Editora. Nenhuma parte desta publicação poderá ser reproduzida, seja por meios mecânicos, eletrônicos, seja via cópia xerográfica, sem a autorização prévia da Editora.

COORDENADORA DA SÉRIE "CONVERSAS COM O PROFESSOR"
Sonia Junqueira

EDITORA RESPONSÁVEL
Rejane Dias

REVISÃO
Lira Córdova

PROJETO GRÁFICO DE CAPA
Cristiane Costa

PROJETO GRÁFICO DE MIOLO
Diogo Droschi

EDITORAÇÃO ELETRÔNICA
Luiz Flávio Pedrosa

Dados Internacionais de Catalogação na Publicação (CIP)
(Câmara Brasileira do Livro, SP, Brasil)

Cademartori, Ligia
  O professor e a literatura : para pequenos, médios e grandes / Ligia Cademartori.-- 2 ed., 1. reimp -- Belo Horizonte : Autêntica Editora, 2024.-- (Série Conversas com o Professor; 1)

  Bibliografia
  ISBN 978-85-7526-426-3

  1. Gêneros literários 2. Leitura 3. Literatura 4. Literatura - Estudo e ensino 5. Literatura infanto-juvenil 6. Professores - Formação I. Título. II. Série.

09-08095   CDD-370.71

Índices para catálogo sistemático:
1. Literatura : Estudo e ensino : Professores
Formação : Educação 370.71

GRUPO AUTÊNTICA

Belo Horizonte
Rua Carlos Turner, 420
Silveira . 31140-520
Belo Horizonte . MG
Tel.: (55 31) 3465-4500

São Paulo
Av. Paulista, 2.073,
Horsa I Sala 309 . Bela Vista
01311-940 . São Paulo . SP
Tel.: (55 11) 3034-4468

www.grupoautentica.com.br
SAC: atendimentoleitor@grupoautentica.com.br

Para Balthar, Carlos, Cecy,
Cidinha, Graça, Luís, Sérgio e Stef.

Para Tetê, professora
de vida, em memória.

09	Nota prévia
11	Prefácio – Magda Soares

15   LITERATURA INFANTIL: A NARRATIVA E O TUMULTO DO MUNDO

17	Uma voz que só você possa escutar
27	Percursos, viagens, andanças
35	O sempre, o nunca, a temível passagem
45	A construção e o vazio
51	Literatura de hoje: fronteiras franqueadas
54	Referências

57   LITERATURA JUVENIL: REFÚGIO NA FANTASIA OU FIM DA INOCÊNCIA?

59	O mundo é maior que o meu bairro
67	O mundo dos outros
73	O mundo do crime
79	Ler para a escola e ler para a vida
89	Leitor: ser ou não ser
94	Referências

97   AVENTURAS POÉTICAS: IMAGENS, SONS E SENTIDOS

99	O menino e o poeta
109	Um gênero difícil
115	A iniciação: os jogos verbais
121	Ler na era do consumo
126	Referências

Nota prévia

O título deixa claro que a este livro interessa uma relação: aquela que o professor mantém com a literatura. É a partir do que pode aproximar alguém da obra literária que são apresentados e discutidos aspectos e elementos próprios da literatura infantil clássica e contemporânea; da literatura juvenil em sua dificuldade de definição; da formação de leitores no âmbito escolar; das diferentes modalidades de poesia endereçadas aos estudantes.

Para isso, tomam-se como pontos de partida cenas de leitura infantil e juvenil, extraídas de depoimentos de escritores brasileiros, como Luiz Ruffato, Milton Hatoum, Moacyr Scliar, Ariano Suassuna, João Paulo Cuenca, Armando Freitas Filho. Passagens envolvendo personagens ficcionais, de obras de Lloyd Jones e de Philip Roth, também ilustram o significado da leitura e de determinadas obras literárias ao longo da vida de um leitor. Portanto, é a vivência de quem lê que aqui se privilegia como condição para apreciar e debater as questões literárias.

O subtítulo, talvez, requeira explicação, porque brinca com a ideia de classificação dos produtos em diferentes tamanhos, modo de reconhecer que é no marco da sociedade de consumo que tanto a literatura como a prática educativa e cultural que se espera do professor precisam ser pensadas.

Prefácio

Magda Soares

Espera-se de um prefácio que apresente o livro ao leitor e que o incite a ler a obra. Em se tratando de um livro de Ligia Cademartori, de quem conheço muito bem e admiro enormemente a competência e a sensibilidade literárias, e de um livro que tem por tema o professor e a literatura, tema de que tanto temos nos ocupado, Ligia e eu, talvez eu pudesse escrever este prefácio sem nem mesmo ler a obra... e certamente não erraria em tudo o que dissesse. Mas, tendo lido a obra, confirmei tudo o que diria, e que vou agora dizer, relatando o que me ocorreu ao lê-la.

Examino o título, o sumário, e me pergunto: uma história da literatura infantil e juvenil? recomendações ao professor sobre como introduzir crianças e jovens no mundo da literatura?

Começo a ler e logo me surpreendo: de imediato me vejo em uma certa ilha, convivendo com um certo Sr. Pip – e me vem um desejo irreprimível de ler *O Sr. Pip*, de que tinha notícia, mas nunca tinha lido. Busco logo o livro de Lloyd Jones, começo a ler *O Sr. Pip*, ao mesmo tempo que avanço na leitura do original de Ligia. E a leitura de Ligia vai fluindo em contraponto à leitura de Lloyd Jones, levando-me ambos, e ao mesmo tempo, a *estar dentro* – a sentir-me imersa em Bougainville, a ilha distante que se torna tão próxima, a conviver com Matilda e seu professor, e com Dickens – e a *estar fora* – a refletir sobre literatura mediando a relação entre professor e alunos, sobre o significado que a literatura pode ter para crianças e jovens: a literatura como alternativa a uma realidade dura, como criação de um mundo paralelo, que não é fuga, mas compreensão do "tumulto do mundo".

Continuo lendo Ligia, e reencontro os contos de Perrault: volto à infância, recordando *Pele de asno*, *O Gato de botas*... volto à infância de meus filhos, porque Ligia me reconduz a *A casa da madrinha*... sempre me fazendo ver com outros olhos as histórias, associando ao prazer da leitura – dela e dos livros que ela vai me fazendo ler ou reler – o prazer da descoberta de relações, de aproximações: pois é bem verdade, como revela Ligia, que Alexandre, de *A casa da madrinha*, é, sim, da mesma estirpe do Odisseu da *Odisseia* e de Dom Quixote, de Cervantes! e que há um fio que une obras, personagens, autores aparentemente tão distantes no tempo e no espaço: vou ao século XI, releio o *Decamerão*, volto de novo à minha infância, reencontrando *Peter Pan*, *Pinóquio*, *O Mágico de Oz*, *Alice no País das Maravilhas*, retomo a *Odisseia* e os contos de Perrault... rebelo-me de novo, tantas décadas passadas, ao relembrar, com Ligia, as meninas bem-comportadas dos livros da Condessa de Ségur que me fizeram ler, meninas que, ao contrário das intenções escolares, exemplificavam o que eu **não** queria ser...

Do mundo da literatura infantil, Ligia me conduz ao mundo das leituras juvenis; tranquiliza-me, esclarecendo o fascínio dos jovens de hoje por *Harry Potter*, *Crônicas de Nárnia*, *O senhor dos anéis*; reaviva em mim o prazer da leitura, quando jovem, de traduções e adaptações dos clássicos, e convence-me da possibilidade de proporcionar esse mesmo prazer aos jovens de hoje; lembra-me o fascínio que tive, e que os jovens de hoje também podem ter, pela leitura de histórias policiais: incita-me a reencontrar Sherlock Holmes, a reler os contos de Edgar Allan Poe.

Viajo com Ligia, e chego ao mundo da poesia: a linguagem das referências, o encantado mundo sonoro das rimas e do ritmo, dos jogos verbais; Ligia me recorda os poemas de Francisca Júlia que frequentaram a minha infância, me faz ir à estante, mais uma vez em busca de Henriqueta Lisboa e seu *O menino poeta*, de José Paulo Paes, de Manoel de Barros, de tantos outros: vontade de ler de novo poemas já tantas vezes lidos e relidos.

Chego ao fim do livro, e volto às perguntas que me fiz ao examinar o título, o sumário. Não, felizmente não é mais uma história da literatura infanto-juvenil, que várias já temos; nem mesmo é um livro limitadamente sobre uma previsível literatura infanto-juvenil; é um livro sobre a literatura, toda a literatura que pode despertar a paixão de ler e pode corresponder às expectativas de crianças e jovens. Também não é, felizmente, um livro de recomendações pedagógicas sobre como introduzir crianças e jovens na leitura literária: já sabemos que não é aplicando regras didáticas que despertaremos a fruição da literatura.

Felizmente, este livro é a obra que nunca tivemos e sempre esperamos sobre literatura na escola, sobre as relações do professor com a literatura, sobre as relações entre professor e alunos com a mediação da literatura. O que Ligia relata neste livro, com paixão e emoção, são as relações dela com a literatura, com a leitura, de tal forma que, como aconteceu comigo lendo Ligia, mesmo sendo eu alguém que, como Ligia, não entende a vida sem leitura, somos todos intensamente envolvidos por livros e personagens, mergulhamos no mundo da literatura e da leitura, recebemos por contaminação a paixão de ler, e é assim que aprendemos com ela o que são as relações de todos nós — professores, alunos — com a literatura.

Porque Ligia escreve não do lugar da especialista em literatura, embora ela o seja, não do lugar da formadora de leitores, embora ela o seja, mas do lugar da leitora apaixonada por leitura que ela é, e, por sê-lo, sabe que não é contando aos professores a história da literatura infanto-juvenil, ou aconselhando sobre o que fazer para transformar crianças e jovens em leitores, que professores despertarão o gosto e o prazer de ler em seus alunos. Ligia revela ser ela mesma aquilo que se aspira que os professores sejam, que nossos alunos sejam; nas palavras dela, neste livro: "Não se deseja outra coisa como reação à leitura senão que o leitor desfrute intensamente o que lê".

Intensamente desfrutamos o livro com que Ligia nos presenteia e que nos contamina com o prazer de desfrutar a literatura, com a paixão da leitura; livro que, certamente, despertará leitores que passarão a desfrutar intensamente a leitura e assim se tornarão capazes de formar leitores que, eles também, desfrutem intensamente a leitura.

LITERATURA INFANTIL
A narrativa e o tumulto do mundo

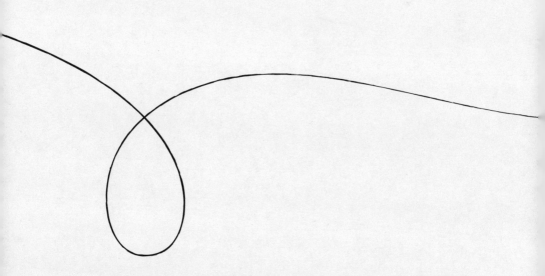

Uma voz que só você possa escutar

> Ele continuou a ler e nós, a escutar. Levou algum tempo para parar, mas, quando ergueu os olhos, nós estávamos paralisados pelo silêncio. O fluxo de palavras tinha terminado. Vagarosamente, voltamos aos nossos corpos e às nossas vidas.
>
> (LLOYD JONES, *O Sr. Pip*)

A remota ilha de Bougainville, entre Papua-Nova Guiné e as Ilhas Salomão, foi cenário de uma guerra civil na década de 1990. O governo de Papua impôs um bloqueio à ilha, deixando os habitantes sem rádio, sem jornal, sem eletricidade e carentes de qualquer tipo de suprimento. O jornalista Lloyd Jones, nascido em Nova Zelândia, cobriu o bloqueio à ilha do Pacífico, e foi nela que ambientou a narrativa ficcional que lhe garantiu, anos mais tarde, lugar entre os grandes escritores da literatura contemporânea, com obra de muita repercussão entre leitores e críticos: *O Sr. Pip*.[1] Ao figurar o mundo da leitura e dos leitores, o romance de Lloyd Jones delineia uma particular relação entre professor e alunos, mediada pela presença, decisiva na vida de todos, de um livro na sala de aula.

Em *O Sr. Pip*, a narradora é uma jovem: Matilda. Ela relata o que viveu na ilha sitiada, a partir dos seus 13 anos, e o que um romance de Charles Dickens significou para ela, os colegas e o professor, quando a

---

[1] Pela obra, escrita em 2006, o escritor ganhou prêmios de importância como o Commonwealth Writers' Prize e a distinção de ser finalista do Man Booker Prize em 2007. Em português, ver a edição *O Sr. Pip*. Tradução de Léa Viveiros de Castro. Todas as citações referentes ao romance foram extraídas dessa edição.

guerra impunha a todos suas atrocidades. Embora a narradora assuma, em algumas passagens, uma voz infantil, trata-se de um livro escrito para adultos. Articula conceitos complexos, sem poupar o leitor da descrição de episódios cruéis próprios de um cenário de guerra. No entanto, em seus aspectos essenciais, o livro de Lloyd Jones processa e estimula uma reflexão sobre a relação do leitor, em sentido amplo, e do professor, em sentido restrito, com a literatura.

A narração apresenta a vida na ilha a partir das restrições impostas pela guerra. Com o agravamento do conflito, os professores haviam fugido do lugar e as crianças se ressentiam do fechamento da escola. Além dos nativos, o único estrangeiro que lá ficou foi o Sr. Watts, homem a quem, com irreverência e zombaria, as crianças chamavam de Olho Arregalado. Neozelandês, casado com uma nativa, o Sr. Watts era uma figura um bocado excêntrica. Arrastava pela ilha, como se fosse um animal, uma carroça onde carregava sua mulher. Ela ia em pé. Como se não bastasse, em certos dias, ele costumava aparecer com uma bola vermelha no nariz. E não se importava que ficassem olhando e rindo dele.

Pois é exatamente esse sujeito que decide reabrir a escola e se dispõe a dar aulas para os alunos que passavam o dia em casa, sem ter o que fazer. O Sr. Watts, no entanto, não tem formação de professor. Tampouco dispõe de material didático, porque não havia sobrado nenhum. Mesmo assim, ele assume a função de professor e as crianças retornam à sala de aula, em meio às ameaças, à precariedade, às dificuldades e ao sofrimento. Tudo o que o improvisado professor tem a oferecer é a paixão pela literatura e por uma obra em especial, de que resta um único exemplar: *Grandes esperanças*, de Charles Dickens. E é isso o que ele faz. Começa a ler a história para os alunos, depois de dizer:

> Vou ser honesto com vocês. Não tenho nenhuma sabedoria, nenhuma mesmo. A coisa mais verdadeira que posso dizer a vocês é que o que quer que tenhamos entre nós é tudo o que temos. Ah, e, é claro, o sr. Dickens. (JONES, 2007)

Antes que alguém diga que um romanção do século XIX é inadequado para o público infantil e juvenil da classe multisseriada do Sr. Watts, deve acompanhar no relato o encantamento e a adesão dos alunos à personagem Pip – ele também um menino, no início da narrativa e, só mais tarde, um jovem – que, no entanto, habita um mundo radicalmente diferente daquele dos alunos da ilha. A história de Lloyd Jones narra um caso de intenso envolvimento do leitor no mundo ficcional e a experiência de profundo conhecimento da personagem que a literatura propicia, fenômeno que só os leitores podem compreender.

A guerra prossegue com seus horrores, e as crianças o que querem saber é do futuro de Pip, o protagonista da história. Cecília Meireles (1979, p. 27) já nos advertia: "pode até acontecer que a criança, entre um livro escrito especialmente para ela e outro que não o foi, venha a preferir o segundo. Tudo é misterioso, nesse reino que o homem começa a desconhecer desde que o começa a abandonar". A verdade, porém, como só se descobre ao final da história, é que o professor não esteve apenas lendo Dickens. Ele adaptava a obra do grande romancista às condições de entendimento dos seus alunos, o que não é apenas um detalhe na narrativa. Merece toda atenção.

Como consequência do bloqueio imposto à ilha, o livro lido na escola não sofre a concorrência de todos os recursos de informação e entretenimento com os quais, em condições normais, em zona não sitiada, ele inevitavelmente compete. É desse modo que se potencializa o efeito que um romance como *Grandes esperanças* pode exercer em pessoas que só contam com ele, para se desamarrar do pesado fardo cotidiano, vislumbrar diferente modelo de mundo e pensar em outras possibilidades.

Mas, se o livro não concorre com outros meios, como televisão, rádio, periódico, computador, não escapa de concorrer com outros discursos, como os de natureza pragmática, política ou religiosa, disputa que vai gerar trágicas consequências. Os discursos, já se sabe, só existem em cruzamento. E nem sempre isso se dá de forma tolerante ou pacífica. De qualquer modo, o romance de Lloyd Jones ilustra bem certa natureza perturbadora da literatura que, mesmo em uma ilha sitiada, precisa encontrar condições para existir.

A história contada pelo professor durante as aulas ocupava a mente das crianças de tal modo que modificava o comportamento delas. Diante do envolvimento dos filhos com o livro escolhido por um professor estrangeiro, que não partilha das crenças religiosas dos nativos, os pais reagem com temor. Passam, então, a manifestar hostilidade ao professor. Estrategicamente, ele convida os pais a visitarem a sala de aula e reserva a eles espaço para fazerem seus próprios relatos. É desse modo que o Sr. Watts, o professor improvisado, promove o explícito entrecruzamento dos discursos e a valorização do conhecimento prático e mítico-religioso dos pais de seus alunos. Mas ele não pode, é claro, interferir na recepção dos meninos a essas histórias. Eles preferem a ficção.

O fato de que o grupo reunido para ouvir e falar de literatura, na aldeia em que vive a pequena Matilda, seja bastante pequeno, apenas 20 crianças entre sete e 15 anos – pois a maioria dos moradores ou abandonaram a ilha, ou se juntaram aos rebeldes, ou foram mortos pelas tropas de Papua –, reforça a ideia de que, quando falamos de leitores literários, falamos de um círculo restrito de que fazemos parte. Nós, os que nos interessamos por livros, não somos muitos, mas nos sentimos parte daqueles convocados na conhecida epígrafe-dedicatória do livro do poeta espanhol Juan Ramón Jiménez, que diz: "para a imensa minoria".

Por isso, abandono o dramático desenvolvimento da trama da narrativa de Lloyd Jones, para manter o foco no que interessa dar destaque aqui: o envolvimento dos alunos com o mundo da ficção. É elucidativo acompanhar os estágios pelos quais passam os alunos de Bougainville como leitores. O primeiro deles é bem ilustrado na passagem seguinte:

> [...] enquanto os rebeldes e os peles-vermelhas continuavam a trucidar uns aos outros, tínhamos outro motivo para nos refugiar na escuridão da noite. O sr. Watts nos dera um outro mundo no qual passar a noite. Podíamos fugir para outro lugar. Não importa que fosse a Inglaterra vitoriana. Descobrimos que podíamos chegar lá com facilidade. (JONES, 2007)

As crianças da aldeia haviam descoberto um refúgio mental para se evadirem do inexplicável conflito que oprimia a todos os ilhéus. O mundo paralelo, que ganhava forma nas palavras do professor que contava *Grandes esperanças*, adquiria consistência e intensidade, permitindo aos meninos um modo de escape não muito diferente daquele que podemos encontrar diante da tela de televisão, ao fim da jornada de trabalho, ou na tela do cinema, em certos dias e, tantas vezes, ao ler um livro. O primeiro tempo da experiência de Matilda com a literatura é, portanto, escapista. Ela pode esquecer da guerra e, também, do controle amargurado e rancoroso da mãe, refugiando-se em uma ficção de enredo sedutor.

O escapismo, como uma primeira etapa na experiência de leitura, apesar do sentido pejorativo atribuído ao termo, pode estar na base da formação dos mais requintados leitores, assim como de escritores de grande talento. Não minimize essa etapa inicial da formação do leitor. Observe o depoimento da ficcionista e ensaísta norte-americana Susan Sontag (2008, p. 219):

> O que me salvou quando eu era estudante no Arizona, à espera de crescer, à espera da hora de fugir para uma realidade mais ampla, foi ler livros [...] Ter acesso à literatura, à literatura do mundo, era escapar da prisão da futilidade nacional, da vulgaridade, do provincianismo compulsório, do ensino vazio, dos destinos imperfeitos e da má sorte. A literatura era o passaporte para entrar numa vida mais ampla, ou seja, a região da liberdade.

Deixemos essa menina real, que viveu sua infância no interior dos Estados Unidos, e voltemos àquela criança ficcional, que vive numa convulsionada ilha do Pacífico. Antes escapista, Matilda evolui da posição de quem foge da dura realidade da vida para o mundo paralelo do livro, quando precisa confrontar a obscuridade do fanatismo religioso materno. Dolores, a mãe, havia entrado em guerra particular e ostensiva contra o professor. Ela tinha opinião um tanto contraditória a respeito daquela história que fascinava tanto a filha. Ao mesmo tempo em que via o envolvimento com a ficção como algo que potencialmente oferecia risco moral para a menina, considerava aquela história uma inutilidade, porque, na opinião dela, não ensinava coisa alguma.

Podemos tentar entender o que Dolores pensava, formulando a seguinte proposição: a literatura, por ser inútil, constitui risco moral. A interpretação, porém, logo se mostra insatisfatória, pois fica claro que o que assusta a mãe é exatamente o alargamento dos horizontes de uma menina, que ela já não consegue controlar como antes. Ao defender, de modo incondicional, o direito de envolver-se com a história que a entretinha, contra o sistema de crenças da própria mãe, Matilda já não é mais uma escapista, que desfruta a narrativa ambientada em outro tempo e outro lugar, para esquecer dos próprios problemas. Por conta da literatura, ela se vê agora às voltas com um problema novo, e não se evade dele. É nesse momento que ela passa a experimentar e a praticar a liberdade de pensamento:

> É claro que não contei a minha mãe sobre nosso projeto. Ela seria capaz de dizer: "isso não vai pescar um peixe nem descascar uma banana". E teria razão. Mas não estávamos atrás de peixes nem de bananas. Estávamos atrás de algo bem maior. Estávamos tentando conseguir outra vida para nós mesmos. (JONES, 2007)

O professor facultará passagem para outra etapa da relação dos meninos com a literatura, ao dar a eles a tarefa de descobrirem a própria voz: "Com uma voz que só você possa escutar, diga o seu nome. Diga só para você". Matilda faz o exercício e conclui:

> O som do meu nome me levou para um lugar bem no fundo da minha cabeça. Eu já sabia que as palavras podiam levar você para um mundo novo, mas não sabia que a força de uma única palavra pronunciada apenas para os meus ouvidos me levaria a um lugar que todos desconheciam. (JONES, 2007)

Assim, o professor ensina cada um a perceber que tem uma voz própria, uma singularidade, e que esse é um dom especial, que ninguém poderá jamais tirar. Os alunos já sabem que existe o mundo paralelo, criado pelo leitor a partir do livro. Aprenderam também, de modo doloroso, que um livro pode ser perdido, contestado, perseguido e até queimado. Mas, como descobriram que o leitor tem uma voz própria, aquela da subjetividade, sabem agora que podem recuperar uma história, mesmo quando seu suporte – o livro – desaparece. Sabem ainda mais: que os vazios da obra são preenchidos com o próprio mundo do leitor. Experimentaram, portanto, o que formula a frase de Proust tão repetida: cada leitor é, quando lê, o leitor de si mesmo.

O professor, contudo, tem também consciência de que nem todo mundo pode ser leitor. Quando Matilda pergunta a ele se sua esposa, a Sra. Watts, tinha lido *Grandes esperanças*, ele responde que, infelizmente, não. E, compreensivo, acrescenta que ela tentou, mas ele pôde notar que não conseguiu. Leitores podem conviver com não leitores. A própria narradora irá concluir mais tarde que algumas áreas da vida não devem se misturar. Como o professor percebeu que a mulher dele, de fato, não conseguiu ler? Porque "é impossível alguém fingir que está lendo um livro. Os olhos traem você. A respiração também" (Jones, 2007).

A leitura não provoca apenas alteração mental, mas também física. E a absorção pelo leitor de um livro que o encanta é tal que "a casa pode pegar fogo e quem estiver mergulhado num livro não levanta os olhos" (Jones, 2007).

A paixão de Matilda pelos livros a impulsionou a continuar o estudo da literatura, quando finalmente conseguiu deixar a ilha e completar o ensino médio no continente. Viverá, então, outro estágio de sua condição de leitora, ao se tornar também uma professora substituta para meninos – tal como substituto tinha sido o Sr. Watts – em Brisbane, na Austrália. E ainda outro estágio de leitura sobrevirá, quando ela, com distanciamento, começa a rever todo o seu processo de formação de leitora. Nesse momento, como era inevitável, ela se pergunta quem foi mesmo aquele professor que lhe ensinou a amar a literatura.

> Quem era aquele homem que víamos na sala de aula? Um homem que achava realmente que *Grandes Esperanças* era o maior romance do maior escritor inglês do século dezenove? Ou um homem que só dispõe de uma migalha para comer e diz que aquela é a melhor refeição de sua vida? Suponho que seja possível ser todas essas coisas. Sair, por assim dizer, de quem você é e se transformar em outro, bem como retornar a um sentido essencial de eu. (Jones, 2007)

Reimaginar o mundo e, nesse processo, conhecer-se, esta foi a principal lição que o improvisado professor deu às crianças. Fez com que vislumbrassem possibilidade de mudança e dessem passagem a ela em suas vidas. O momento ápice da formação da narradora – porque, sim, se trata de um romance de formação – é este em que ela percebe que a possibilidade de nos transformarmos em outro é o que torna igualmente possível o retorno a algo essencial em nós. Esta é a condição que leva Matilda, a que deixou a ilha e se afastou da origem, a tentar o retorno para casa.

Quando se trata de leitura, de promovê-la na escola ou em outro lugar, ou quando se discute a experiência do professor como leitor, é importante ter presentes os diversos estágios por que passa um leitor, porque a formação não se dá de uma só vez, nem de modo único ou mecânico. Tornar-se leitor é processo que ocorre ao longo do tempo e de distintas maneiras para diferentes pessoas. É preciso saber que não necessariamente um estágio leva a outro. Precisamos assumir também, por embaraçoso que isso seja, que há professores que são como a Sra. Watts. Eles tentam, mas não conseguem ser leitores. O que não impede alguns deles de se empenharem honestamente na divulgação do livro entre os alunos e a trabalharem de modo a favorecer a outros melhor experiência de leitura que aquela que tiveram.

Ao falar de leitura, no entanto, nem sempre estamos falando da mesma coisa. A palavra pode ter várias acepções. Quando se trata do professor como leitor, a palavra leitura não quer dizer capacidade de decifrar sinais gráficos, mas, sim, de doar sentido ao que se lê, de ser capaz de viver, numa leitura literária, uma experiência iniciática, conforme entende Ricardo Piglia (2006). Nessa acepção, leitura é algo capaz de provocar mudanças, para lá do mero entretenimento que, no entanto, é fundamental para atrair e animar o contato primeiro de iniciantes, como a criança, com o livro.

A literatura, com frequência, representa aquele que lê como uma figura menos enquadrada que as demais, sujeito não exatamente acomodado. O gosto pela leitura viria exprimir certo desajuste e o leitor surge representado na ficção como um ser extremo e apaixonado. Exatamente como Matilda, vão concordar os leitores de *O Sr. Pip*. Acontece que leitores visitam a toda hora um mundo paralelo. Em alguns casos, chegam a imaginar que esse mundo entra na realidade. Dom Quixote é o exemplo paradigmático disso. Diz Piglia que a leitura constrói um espaço entre o imaginário e o real, desmontando assim a clássica oposição binária entre ilusão e realidade. Não existe nada simultaneamente mais real e mais ilusório do que o ato de ler (PIGLIA, 2006, p. 29).

Em *O último leitor*, há uma citação do filósofo francês Jean-Paul Sartre, que diz mais sobre leitura e leitores do que alguns ensaios extensos:

> Por que se lêem romances? Falta alguma coisa na vida da pessoa que lê, e é isso que ela procura no livro. O sentido, evidentemente, é o sentido de sua vida, dessa vida que para todo mundo é torta, mal vivida, explorada, alienada, enganada, mistificada, mas acerca

> da qual, ao mesmo tempo, aquele que a vive sabe muito bem que poderia ser outra coisa. (PIGLIA, 2006, p. 136)

Nessa medida é que a leitura assume a forma de uma diferença e o leitor de literatura ganha um traço distintivo: o do sujeito que busca no livro um modelo de construção de sentidos, e nele encontra também um refúgio. Porque a leitura requer isolamento e certa forma de solidão para construir a subjetividade, do modo como fez Matilda, à revelia do que para ela desejava a mãe e o ambiente desfavorável poderia limitar.

O Brasil ainda não é um país de leitores, situação determinada por fatores de natureza social, econômica, política, histórica, cultural. No entanto, existe hoje especial sensibilidade para esse assunto, traduzida em inúmeras iniciativas, públicas e privadas, para promover a leitura. Não podemos esquecer, porém, que muitos professores não tiveram as condições necessárias para se desenvolverem devidamente como leitores e, às vezes, pensam ser deficiência pessoal o que, na verdade, provém de âmbito muito mais amplo, como a dívida social do país com seu povo.

Outros, porém, tiveram a formação de leitor favorecida e influenciada por circunstâncias familiares ou escolares, quando não por ambas. Às vezes, uma única pessoa, como o professor improvisado de Bougainville, fez toda a diferença. E há ainda aqueles que se tornaram leitores apesar de todas as circunstâncias para não sê-lo. Seja de um modo, seja de outro, cada um de nós tem sua própria história de leitura, configurada na relação que mantivemos, a partir da infância, com os livros. Recuperar essa história é uma experiência rica e esclarecedora, mesmo se for narrada com uma voz que só a gente pode escutar.

Percursos, viagens, andanças

> Passei a conhecer este Pip como se ele fosse real e eu pudesse sentir sua respiração no meu rosto. Eu tinha aprendido a entrar na alma de outra pessoa.
>
> (LLOYD JONES, *O Sr. Pip*)

É por via da personagem que aderimos afetiva e intelectualmente à narrativa. Basta lembrar nossas histórias preferidas para que suas personagens sejam reavivadas e pensemos nelas como se fossem pessoas conhecidas. É em torno das personagens que gira a ação, em função delas se organiza a narrativa. À medida que a história progride, a personagem vai ganhando contornos mais ou menos delineados. Há narrativas em que ela é tão forte que ganha vida própria. Salta da obra, vira referência citada aqui e ali. Em outras, permanece difusa em meio ao narrado, difícil de lembrar quando, finda a leitura, o livro é guardado.[1]

Uma personagem se dá a conhecer pelas informações sobre quem é, o que faz, como se relaciona com as demais e reage diante de certas situações. As personagens de histórias infantis, de modo geral, tendem a representar determinadas situações ou comportamentos, mais do que permitem ser identificadas como a criação literária de uma individualidade

---

[1] Em conversas informais com colegas, como Anna Cristina Rodrigues, Cecil Albert Zinani, Luciana Martins, Rildo Cosson, Vera Aguiar, Zélia Versiani, perguntei que personagens da literatura infantil brasileira pós-Monteiro Lobato consideravam inesquecíveis. Com uma exceção, todos citaram personagens de Lygia Bojunga Nunes.

possível, de acordo com determinadas características psicológicas mais ou menos complexas. De modo com frequência desastroso, elas, às vezes, são usadas para figurar ideias. Em realizações mais felizes, no entanto, a personagem infantil constitui, como observa Susan Sontag (2008, p. 107), uma representação universal de A Criança, tal como ocorre em *Alice no País das Maravilhas*.[2]

As principais personagens das histórias infantis clássicas costumam ser o irmão menor, a enteada, crianças em alguma situação de desvantagem que, depois de enfrentar determinadas provas e dificuldades, conseguem superá-la e revertê-la. Italo Calvino (1993, p. 19) observa que, na construção das narrativas remotas de origem popular, o desenvolvimento da ação, no intuito de reparar uma falta, opera dois tipos de transformação social, sempre com final feliz. O primeiro tipo é configurado pela personagem que perde a condição social privilegiada em que nasceu e a reconquista no final. Caracteriza o segundo tipo a presença de um protagonista de baixa condição social que, ao final, conquista melhor posição na escala da sociedade.

Os contos de Charles Perrault (1981)[3] nos dão fartos exemplos disso. *Pele de asno* pertence ao primeiro tipo e conta a história da princesa que, para fugir do desejo incestuoso do padrasto, deixa o palácio sob disfarce e arranja trabalho como guardadora de porcos. O casamento com um príncipe, que se apaixona por ela, irá lhe restituir a condição real perdida. Branca de Neve e Cinderela, princesas que caíram em desgraça por rivalidade com a madrasta ou com as meias-irmãs, também retornam à ordem inicial em que viviam, graças à paixão que despertam em príncipes, que fazem delas suas esposas. Portanto, igualmente pertencem a esse tipo.

Exemplo do segundo caso nos oferece história igualmente conhecida: *O Gato de Botas*. A personagem-título é um auxiliar mágico. Um moleiro deixa como única herança um legado pobre. Ao filho mais velho, o moinho. Ao do meio, o burro. Ao menor, coube apenas um gato. Mas será graças à sagacidade desse gato que o mais novo irá se casar com a filha do rei.

---

[2] Todas as citações de *Alice no País das Maravilhas*, de Lewis Carroll, reproduzem tradução de Fernanda Lopes de Almeida.

[3] As referências a contos de Perrault baseiam-se nos relatos da obra listada nas referências.

Calvino ressalta que, nessas histórias populares, a pobreza surge como um direito subtraído que deve ser reivindicado. No inconsciente coletivo, afirma o escritor italiano, "o príncipe disfarçado de pobre é a prova de que cada pobre é na realidade um príncipe que sofreu uma usurpação e que deve reconquistar seu reino" (CALVINO, 1993, p. 20). Ulisses, o nome romano de Odisseu, assim como Robin Hood, nobres caídos em desgraça, ao triunfarem sobre seus inimigos, representam a restauração imaginária de uma sociedade justa.

Narrativas infantis contemporâneas costumam ter personagens em situações mais amenas que aquelas das histórias remotas, mas às suas personagens ainda cabe confrontar desafios específicos, para que certas situações insatisfatórias sejam superadas. Esses desafios ganham forma na trama, a apresentação dos eventos de forma encadeada e concatenada, de modo a despertar e assegurar o interesse de quem lê até o final. Pois, o que prende o leitor à história, quando ele está ainda no primeiro estágio de leitura, é a curiosidade pelo que vai acontecer com aquela personagem com que se identificou de algum modo.[4] Só mais tarde, quando for mais experiente, deixará de perguntar o que virá a seguir – "e depois?" – para se perguntar pelas razões do que acontece na trama – "por quê?" – passagem do simples interesse pela sequência para a busca do entendimento da causalidade.

As personagens de que ainda nos lembramos, bem depois de concluída a leitura, no que pese o tempo transcorrido desde que foi fechado o livro onde ela vivia, são aquelas capazes de transmitir de algum modo impressão de verdade existencial, mesmo que seja pela simples condição de serem figurações da infância, mas feitas de tal modo a permitir que possamos pensar nelas como se, de fato, existissem.

Como conhecemos, por exemplo, Alexandre, personagem de *A casa da madrinha* de Lygia Bojunga Nunes (1978)?[5] Primeiro, pelo nome que, nesse caso, é a primeira palavra da história. Logo a seguir, pelo seu lugar social, o de menino pobre que trabalha na rua para garantir o sustento. Também, por suas características culturais e psicológicas, como

---

[4] Observe o modo como uma criança conta uma história: "eles foram andando e aí viram uma casinha de doces e aí apareceu uma bruxa e aí...". O advérbio se refere, nesse caso, à sequência no tempo, por isso, algumas vezes, a criança o substitui pela expressão "e depois".

[5] Todas as citações da obra são extraídas dessa edição.

a capacidade de entreter os outros com o show que monta ou com as histórias que narra. E, principalmente, pela vivacidade, pela determinação de perseguir um sonho que o anima a ir sempre em frente. É igualmente na relação com as demais personagens da história que essa conhecida personagem de Lygia Bojunga se constitui e desperta a empatia do leitor.

Alexandre pertence àquela categoria de personagem cujos traços são inseparáveis da condição de viajante, metáfora para um modo de ser. Elas existem em trânsito, pondo a vida em busca e movimento. A literatura está cheia delas, desde Odisseu, o herói grego da *Odisseia*, e, de modo exemplar, com D. Quixote, a personagem fundadora do romance. Na literatura infantil, que tende a assentar seu eixo na modificação redentora de determinado padrão que apresenta no início da história – em geral, o resgate de alguma falta –, viagens dos mais diferentes tipos, com frequência, se apresentam como o processo pelo qual a modificação da personagem se dá e o desfecho da trama se realiza.

A busca de reparação de alguma falta confere à história seu movimento e os eventos narrativos se sucedem dramatizando o percurso do protagonista para reparar algo ou para experimentar alguma coisa. Mesmo em histórias em que a ênfase não recai nas provas, ocorre, no desenvolvimento da trama, uma preparação ou um encaminhamento para que algo se realize ou se solucione. Não necessariamente a falta deflagra a narrativa, mas será em torno dela que ocorrerá o reposicionamento da personagem.

Em *O homem que lia as pessoas*, de Anzanello Carrascoza, a história parece se desenvolver a partir da inusitada qualidade do pai do narrador de ser capaz de enxergar o que outros não viam. Mas o leitor atento vai perceber, no capítulo de abertura, que o narrador, mesmo sendo menino, fala do pai no passado: "eu conheci só um homem que sabia ler as pessoas: meu pai" (CARRASCOZA, 2007). É assim, de modo discreto, que a falta se insere no narrado. O que vem a seguir, imprimindo ritmo à história, são diversos eventos narrativos que compõem uma personagem com traços peculiares – o pai – e conformam a gratificante parceria do menino com ele. Apenas nos segmentos finais do relato, a falta, insinuada no início da narrativa, será retomada e expandida. E o leitor poderá, então, perceber que o que transcorreu até ali, tudo o que foi contado, é a solução ou o resgate possível diante de uma perda: "eu não posso aprender mais com ele [...] mas posso recordar nossa história e colocá-la no papel" (CARRASCOZA, 2007).

Do mesmo modo sutil, outra narrativa contemporânea – *Catirina e a piscina*, de Gláucia Souza (2007) – desenvolve-se a partir de uma falta concisamente indicada: "meu pai molhado de tão quente disse: chega de suar a vida, chega de suar plantando". Daí transcorre a história da migração do campo para a cidade, da vida na periferia urbana, do difícil ingresso no mundo do trabalho, mas relatada do modo como narra uma menina imersa em seu mundo de fantasia, em forma plasmada pelo dizer literário.

A procura por algo é o que impulsiona as histórias. Uma narrativa evolui no sentido de estabelecer, ao final, um ponto de vista, que pode ser da personagem ou do narrador, mas que, de algum modo, será diferente daquele que deu início ao relato. A diferença pode consistir em explicar a ordem existente, ou em projetar outra ordem, ou, ainda, em retornar a um ponto anterior, agora visto de modo distinto, como efeito de um deslocamento havido. Mesmo quando parece que tudo voltou ao que era dantes no quartel de Abrantes, não é mais do mesmo que se trata. Ainda que tudo se explique por ter sido o sonho de alguém, ao despertar, nós sabemos, o sonhador já não é o mesmo.

Não é raro que personagens infantis se desloquem em viagem de risco e mistério, enfrentando obstáculos com têmpera aventureira. O padrão se repete com as personagens das narrativas ao gosto do público juvenil. Ao fim do percurso, a personagem chega a determinado estado de coisas ou condição que caracteriza sua modificação como sujeito. Pode ser por ter vivido algo não experimentado antes, e não importa que tenha sido uma ilusão. Mas, por perigoso que seja o percurso da personagem, bem mais importante que a sua sobrevivência costuma ser o que ela experimenta e conhece na travessia.

Uma vez iniciada a viagem, a ação transcorre na perda de estabilidade do ambiente, não apenas geográfico, mas existencial, daquele que viaja. O deslocamento no espaço nunca é apenas mudança geográfica. A viagem expõe o viajante ao imprevisto, ao diferente, ao que potencialmente é perigoso. Não por outra razão, quando as personagens partem em viagem, o destino delas se torna menos importante do que o percurso que fazem, quem encontram, as situações que vivem. E, como já disse o poeta espanhol Antonio Machado, "se hace camino al andar".

Alexandre, personagem de *A casa da madrinha*, deixa o morro e a "viração" na praia e na rua, com que conseguia alguns trocados, e parte norteado apenas pela frase do irmão mais velho, Augusto, que, no contexto da história, ganha sentido muito especial: "O Augusto falou que eu tinha que ir andando toda a vida" (Nunes, 1978).

Em alguns lugares do Brasil, a expressão "andar toda a vida" não indica apenas sentido de tempo, mas de direção. Na história de Lygia Bojunga, porém, a frase ganha, como se depreende no desfecho, um sentido temporal. Trata-se de andar o tempo todo, continuar na caminhada. Pois, quando finalmente parece ter encontrado o que busca, Alexandre não para. O leitor sabe que a viagem vai prosseguir, porque o que ele diz é: "Agora eu vou viajar com a chave da casa no bolso: não vou ter mais problema nenhum" (Nunes, 1978).

Ele havia partido motivado por uma história contada por Augusto, apenas para que ele dormisse. Mas Alexandre acreditou em cada palavra que lhe foi dita sobre a casa da madrinha dele, lugar em tudo diferente do lugar onde vivia. Essa casa distante seria lugar de fartura e maravilha, onde o menino poderia encontrar tudo que lhe faltava, e ver o fim de todos os problemas. Com o aumento de suas dificuldades, e frustrada a espera pelo irmão, que desaparece da sua vida, Alexandre decide encontrar a tal casa da madrinha. Despede-se da família e pega a estrada. Caminha, pede carona, para, quando o cansaço é demais. Entretanto retoma sempre a viagem em busca da chave da casa de que o irmão lhe falou. Ele acredita que, no dia em que botar essa chave no bolso, o medo não ganharia mais dele. Teria coragem sempre.

Partir em busca de algo que pode reparar a falta, ou viver a aventura de ser itinerante como algo decisivo na vida, eis uma matriz literária bem próxima às ideias de transformação possível e de reinvenção do sujeito, que contam com a cumplicidade de quem lê. Leitores costumam ter fascinação por viagens. Não fosse o próprio ato de ler um desvio do conhecido em busca do estranhamento. Escritores, por sua vez, tendem a ser viajantes incansáveis. François-René de Chateaubriand, escritor e viajante, representante do romantismo francês, associava a viagem à busca do sonho. Nas histórias românticas, viajar é mecanismo de escape do real que torna possível o mergulho na subjetividade.

Mas há outros escritores, como R. L. Stevenson, o autor de *A ilha do tesouro*, *O médico e o monstro* e muitas outras, para quem o perambular pelo mundo era algo importante em si, dispensava objetivo. Não era preciso pretender chegar a algum destino em especial. Bastava viajar por viajar, o prazer consistindo em transitar de um ponto a outro, de uma aventura a outra, mantendo-se sempre em movimento e atento às descobertas. Algo como o que dizem os versos de Mario Quintana: "esses inquietos ventos andarilhos / passam e dizem: vamos caminhar". Nas narrativas clássicas de aventura, a viagem é prova e é jogo. E na superação das dificuldades encontradas pelo caminho é que o herói se constitui como tal.

Histórias contemporâneas que usam o recurso da viagem seguem, portanto, tradição muito antiga e a atualizam, cada qual à sua maneira. *A casa da madrinha* entrelaça a história de Alexandre com a de outros itinerantes, como o Pavão, a Gata da Capa, o João das Mil e Uma Namoradas. Este é um traço comum às histórias de Lygia Bojunga Nunes: o protagonista tem sua história interrompida pelo aparecimento de outras personagens, que aportam elementos ao segmento principal. Nessa obra, uma personagem provoca, em particular, a empatia de quem quer que tenha enfrentado a resistência da escola a um modo mais criativo de educar: é a professora que perde a maleta cheia dos pacotes de diferentes cores que encantavam Alexandre, metáfora da capacidade que ela tinha de educar com criatividade e que a escola acaba por lhe roubar. Se a escola de Alexandre é insatisfatória, a do Pavão é terrível. Se uma costura e filtra o que se deve pensar, a outra impõe a perda do pensamento criador.

Em relação a Alexandre, o Pavão se posiciona como aquele que não tem a mesma capacidade de pensar e interagir. Seu pensamento foi atrasado pela ação de professores que desejavam impedir o pensamento dos alunos. O pobre Pavão é explorado o tempo todo. Repete o que os outros dizem, com o pensamento costurado e um filtro dentro da cabeça. Mas os mecanismos de limitação do desejo e do pensamento também têm suas falhas e, às vezes, ele consegue "pensar pingado".

> No dia que a torneirinha do filtro abriu toda de novo, o Pavão começou a pensar normal. Sempre que ele pensava normal vinha a vontade de viajar; então ele aproveitou uma hora que não tinha nenhum dos cinco donos por perto e foi dar uma voltinha no porto pra ver se algum navio ia passando. (NUNES, 1978)

Se pensa de modo normal, o Pavão, como Alexandre, se põe em movimento, viaja. Um procura a chave que vai lhe fazer ganhar do medo; o outro procura a amada Gata da Capa, que vive enxotada de um lado para outro.

> O Pavão foi indo. Nem viu que ficaram rindo dele. Foi seguindo toda a vida atrás da Gata da Capa. E na estrada encontrou Alexandre. E os dois foram indo. Toda a vida. (NUNES, 1978)

Personagens que prosseguem estrada afora é cena associada a grupo que habita nosso imaginário. Há muito saltaram das páginas para a tela, para o palco, para nosso universo de referência: Dorothy, o Espantalho, o Leão, o Homem de Lata. As personagens de L. Frank Baum, em *O mágico de Oz*, empreendem uma jornada perigosa com a determinação de quem espera superar uma falta que lhes impede de existir como gostariam.

Dorothy, a menina que mora numa fazenda com seus tios, é transportada pelos ares, pela fúria de um ciclone, para lugar bem distante. A partir daí, tudo muda e ela ingressa num mundo de criaturas e objetos mágicos. Por mais fascinante que esse mundo possa ser, o que a menina quer, no entanto, é encontrar o caminho de volta para casa. Esse é o seu grande desejo. Para realizá-lo, ela percorre a estrada de pedras amarelas que a levará ao Grande Oz, o mágico de quem se diz ser o mais poderoso de todos, de modo que ela imagina ser ele quem poderá mandá-la de volta.

No caminho, ela encontra aqueles que serão seus companheiros de viagem. O Espantalho, que decide procurar Oz para pedir um cérebro. O Leão, que vai em busca de coragem. O Homem de Lata, que deseja ter um coração. Enfrentam sucessivos obstáculos, mas não desistem de prosseguir para encontrar quem possa reparar as faltas que acreditam ter. Na aventura de prosseguir na busca da Cidade das Esmeraldas, liderados pela menina, eles se defrontam com situações inusitadas e personagens surpreendentes. Juntos, vivem aventuras como a de atravessar o campo de papoulas mortais, enfrentar os Cabeças de Martelo, conhecer os Macacos Alados, entrar no País de Porcelana, transpor as muralhas da Cidade das Esmeraldas. Os quatro companheiros conhecem lugares maravilhosos, mas, o mais importante, são as descobertas que fazem sobre eles mesmos e sobre os supostos poderosos.

Baum, em 1900, concebeu essa história como um conto de fadas moderno, que desfaz estereótipos tais como as bruxas serem sempre más e os fracos, submissos a poderosos capazes de destruí-los. Suas personagens descobrem ter em si o que esperavam conquistar por intermediação mágica. Essa é uma história em que a viagem por terra maravilhosa, sem ser uma experiência com a lógica e o sentido do tipo que faz de *Alice no País das Maravilhas* uma obra singular, afirma o valor existencial da caminhada e o reposicionamento, em relação a si e aos demais, provocado pela viagem, seja ela metafórica ou não.

O sempre, o nunca, a temível passagem

> Incontáveis continentes da mente nascem entre as capas de livros todos os anos. Carregamos dentro de nós as maravilhas que buscamos fora de nós.
>
> (ALBERTO MANGUEL, *Dicionário de lugares imaginários*)

A literatura contemporânea desfruta de maior liberdade em relação à ficção do século XIX, cujos propósitos realistas valorizavam a reprodução pelas personagens de comportamento e circunstâncias da vida comum. A literatura destinada à criança, no entanto, sempre pôde, com liberdade total de criação, imaginar mundos mágicos, fantásticos, alternativos, sobrenaturais. Exceção feita às ficções que abrigam em certa medida tendência realista,[1] a literatura infantil sempre encontra passagem – por caverna, toca, espelho ou ventania – para um mundo encantado, território do maravilhoso, em que as leis ordinárias do mundo real entram em suspensão.

No entanto, para que a história convença o leitor, precisa colocar em relação consistente vários elementos. Um deles é o espaço onde a personagem se situa, que pode, às vezes, ser narrado a partir de notações geográficas e componentes físicos do cenário em que se desenvolve a ação. Como quando é dito: "Dorothy morava numa planície do Kansas, bem no meio dos Estados Unidos..." (BAUM, 2008). Ou, em outro exemplo: "Ao pé de famosas montanhas, onde entre juncos nasce

---

[1] Ver, como exemplo, as já citadas narrativas de João Anzanello Carrascoza (2007) e Gláucia Souza (2007).

o rio Pó, e inicia viagem pelos campos próximos, vivia, certa vez, um príncipe jovem e valente" ("Griselda". PERRAULT, 1981, tradução da autora). Mas também o espaço pode ser narrado por elementos do âmbito social em que vivem as personagens. Em *A casa da madrinha*, de início, é pela forma de subsistência que se dá a marcação do ambiente em que vivia o menino:

> Escolheu o lugar mais movimentado da cidade. Já tinha quatro garotos *trabalhando* naquele ponto. Fizeram cara feia quando viram Alexandre chegar (quanto mais garoto querendo pegar o mesmo táxi, mais eles tinham que brigar). Empurraram Alexandre, xingaram ele, fizeram tudo pra ele ir embora. Mas a vida na praia estava muito apertada, Alexandre queria ver se ganhava mais um pouco, ficou. (NUNES, 1978)

Ocorre com frequência, no entanto, de o espaço na narrativa infantil transpor qualquer referência geográfica ou lugar social para constituir o mágico. Ou passar de um tipo de espaço para outro, modificação que se dá exemplarmente na referida obra de Lygia Bojunga. Bem além das agruras do morro, da praia, da rua, lugares geográficos e sociais onde o menino vive e luta pelo sustento, está a casa da madrinha, situada em território de sonho. É bem significativo que ela exista, segundo o relato de Augusto, "lá pro interior, bem pra dentro do Brasil" (NUNES, 1978) e tenha, no entanto, uma das janelas com vista para o mar.

A casa da madrinha é o lugar onde só acontece o que é bom. O armário serve comida de todo o tipo, o guarda-roupa contém todos os trajes e a porta guarda, dentro de uma flor, uma chave igualmente mágica. Nessa casa, todos os desejos se realizam, pois ela pertence ao território do maravilhoso, espaço atemporal do mágico, bela invenção de Augusto para acalentar Alexandre e fazê-lo dormir.

A criação desse lugar atualiza fantasia antiquíssima, com registros no século XIII: é a Cocagne.[2] Nesse lugar, há oferta de comida abundante e inesgotável. Doces e chocolates brotam nos limites das florestas. Pombos já assados voam pelos ares e das fontes da cidade jorram os melhores vinhos. Quando chove, são bolinhos que caem do céu. Como se não bastasse, as lojas ainda fornecem comida de graça. Casas e ruas

---

[2] Ver referência a *Le dit de Cocagne* e a *Le Roi de Cocagne* no verbete *"Cocagne"* em MANGUEL e GUADALUPI (2003).

são feitas de alimentos requintados e deliciosos, de modo a não haver por lá qualquer risco de se passar fome. Os habitantes desconhecem a guerra e, como ocorre na criação de espaços imaginários semelhantes, nesse local também a temporalidade ordinária é suspensa: os habitantes de Cocagne desfrutam de uma espécie de imortalidade. Ao atingirem 50 anos, retornam aos dez e voltam a desfrutar a infância.

No *Decamerão*, de Bocaccio, obra do século XI, há também registro de lugar de semelhante fartura. É Bengodi, terra onde existe uma montanha toda feita de queijo. No cume, vive um povo que passa o tempo fazendo ravióli e macarrão, cozinhados em caldo de galinha que, jogado montanha abaixo, alimenta e faz feliz quem vive na planície. Não falta ao lugar um rio de vinho, que escorre dos vinhedos plantados nas terras altas. Além disso, há pedras que realizam todos os desejos de quem as possui. Para os habitantes desses lugares, o tempo não passa, tudo existe para sempre, o que, como se sabe, é também atributo da casa da madrinha que Alexandre busca.

Que o objeto da busca do menino seja a morada de uma madrinha que ele não conhece, e não a casa de Dona Zefa, a comadre da mãe dele, faz todo sentido. Seu trajeto se direciona para a casa de quem pertence a outra casta de madrinhas, aquelas que, nos contos antigos, comparecem a batizados para fazer boas e, às vezes, más profecias, e surgem, em noite de baile, para permitir à afilhada percorrer o caminho que leva do borralho ao castelo do príncipe.

A casa da madrinha, portanto, é mais um desses espaços literários que dispensam a validação da realidade. São mundos criados em resposta ao nosso desejo de perfeição. Abrigam, por magia, a realização do impossível e, algumas vezes, servem apenas para que possamos descansar do tédio ou da opressão da prosaica realidade.

Se, no mundo da ficção, há lugares do sempre, há também lugares do nunca, e o mais conhecido deles, sem dúvida, é uma ilha de localização incerta, mas que pode ser encontrada na obra de James Matthew Barrie, *Peter Pan*. De modo sintomático, a Terra do Nunca pode ser vislumbrada por crianças que se encontram em estágio entre o sono e a vigília. Bebês que caem dos carrinhos, sem que ninguém veja, se não forem recuperados nos dias seguintes, vão para a Terra do Nunca e se tornam Meninos Perdidos, liderados por Peter em terra onde habitam fadas.

A contrapartida da presença das delicadas fadas é formada por uma tribo de peles-vermelhas e um bando de piratas. Estes são comandados pelo abominável Capitão Gancho, inimigo de Peter Pan. Mas adultos não se dão bem nessa área preservada para brincadeiras e aventuras da infância. O Capitão Gancho, em combate contra Peter Pan, viu cortada sua mão de infame, que acabou devorada por um enorme crocodilo. O bicho passa, então, a perseguir o pirata, para devorar o resto. E, como tinha engolido também um despertador – referência que de maneira alguma é fortuita –, o tic-tac passa a soar como ameaça terrível ao famigerado pirata.

Quando se pensa em figurações de espaço e de tempo nas histórias, a distinção entre um e outro é quase nula. O espaço abriga uma dimensão do tempo, e o tempo se torna espacializado. É desse modo que se neutraliza a temível temporalidade e ocorre um processo de inversão em que lugares do sempre e lugares do nunca acabam significando o mesmo. São valores invertidos com um mesmo propósito: o de dominar o futuro por meio da repetição de instantes. O desejo que aí se manifesta é o de vencer o tempo, domá-lo. O que Peter Pan desfruta, com a repetição infinita dos ritmos temporais, é a barragem dos ciclos que nos impõem provas e desafios, tantas vezes dramáticos, e que fazem parte da evolução. Lugares do sempre, assim como lugares do nunca, são territórios onde o tempo foi controlado, cativado, enfeitiçado.

A frase que serve de marcador do fecho de certas histórias – "e foram felizes para sempre" – é exemplar dessa fantasia de vencer a fluidez do tempo e garantir a permanência do estado de felicidade. É desse modo que, nesses relatos, o sempre e o nunca se contrapõem ao medo da passagem do tempo, à angústia gerada pela sucessão dos dias e pelo que ela possa trazer.

É assim que a Terra do Nunca conforma o território ideal de Peter Pan, o menino que se recusa a crescer, vivendo livre e instintivamente. Toca flauta, como o Pan da mitologia grega, e narra histórias, como Barrie, para entreter os meninos sem mãe. Vestidos com peles de urso, que eles mesmos mataram, os Meninos Perdidos crescem do modo mais natural e menos cultural possível, intocados pela educação. Incorporam a fantasia de uma infância que jamais será perdida pela interferência de ações civilizatórias ou pelo amadurecimento emocional. Peter Pan é o símbolo da criança como ser despreocupado, sem consciência da temporalidade e, portanto, capaz de ignorar a morte. Nessa medida, constitui uma história de continuidade e não de evolução. Ao contrário de *O mágico de Oz*, publicada quatro anos antes,[3] Peter Pan é uma história de regressão. Reino infantil semelhante já existia,[4] embora com prazo de validade, na obra de C. Collodi – *Pinóquio* – com o nome de Terra das Brincadeiras. Trata-se de lugar sem escolas, professores ou livros. Como não há compromisso com estudos, brinca-se o dia todo. Às quintas-feiras, não há aula e a semana é formada por seis quintas-feiras e um domingo. Como costuma ocorrer nesses lugares do sempre e do nunca, o relógio e o calendário sofrem alteração. As férias começam no primeiro dia de janeiro e terminam no último dia de dezembro.

Na história de Collodi, a população da Terra das Brincadeiras é radicalmente masculina, sem lugar para fadas e sem convites a meninas, ao contrário da Terra do Nunca. Os meninos mais velhos têm 14 anos e os mais jovens, oito. O barulho de algazarra é ensurdecedor, a alegria, total. O propósito disciplinador do autor, porém, dá a esse território infantil uma vigência que não vai além do quinto mês. Ao fim desse período, Pinóquio descobrirá que suas orelhas cresceram mais de um palmo: está se transformando num burro.

Também os lugares de temida passagem, pelo risco de mutação ou destruição, provêm de fontes narrativas muito remotas. Mas, ao contrário das histórias que relatam e celebram a continuidade, nelas é a superação das dificuldades surgidas ao longo do tempo o que constitui valor máximo. Um olhar comparativo entre narrativas clássicas pode nos levar a perceber que, na literatura infantil, se encontram despojos de um imaginário muito antigo, provindo lá da noite dos tempos. E conosco, apreciadores de histórias infantis, ocorre, muitas vezes, como na letra de Orestes Barbosa: podemos pisar nos astros distraídos.

Exemplo disso nos vêm das ilhas da *Odisseia* de Homero, obra que data provavelmente do século IX a.C., uma das mais importantes narrativas da literatura ocidental, com caráter de história fundadora de nossa tradição. Relata a acidentada volta de Odisseu, herói da Guerra de Troia, para Ítaca, casa e reino, onde lhe espera Penélope, a esposa fiel. A essência da história reside na aventura de sobrepujar as dificuldades

---

[3] A publicação de *O mágico de Oz* data de 1900; *Peter Pan*, de 1904.

[4] A publicação de *Pinóquio* data de 1881.

mais temíveis e de resistir às maiores tentações, graças à argúcia, à inteligência, à coragem e à lealdade aos companheiros, à família e ao país. A *Odisseia* constitui o mito da viagem por excelência.

Uma das ilhas de temida passagem da obra de Homero é a ilha de Circe, feiticeira que conhece todas as plantas e seus efeitos prodigiosos. Ela vive em meio a um amplo vale, mas seu palácio de pedra polida, com belo portão brilhante, é coberto por vegetação cerrada. Quem se aproxima desse palácio vê lobos monteses e leões imponentes ao redor dele. Nem adivinha que, um dia, esses animais foram homens, antes de a feiticeira tê-los seduzido e atraído à cama dela. Circe os encantou, fez com que bebessem drogas, extraídas de plantas conhecidas por ela como por ninguém. O efeito dessas bebidas fez com que esquecessem da origem que tinham e passassem por mutação. Os companheiros de viagem de Odisseu, seduzidos por Circe, esquecem da pátria. São transformados em porcos e presos em pocilgas. Odisseu, o que vence a feiticeira graças à astúcia, e à ajuda de droga ainda mais poderosa que aquelas que a feiticeira prepara, é quem vai salvá-los:

> Por onde vais, infeliz, através destes montes sozinho? Na casa de Circe se encontram teus sócios, sob a figura de porcos, trancados em boas pocilgas. Vais até lá com tenção de trazê-los? Não creio, entretanto, que de lá voltes, mas hás de ficar onde os outros se encontram. Quero, porém, proteger-te e livrar-te do mal iminente. Toma esta droga de muita eficácia e no palácio de Circe entra. (HOMERO, 1962, X, 280)

Outro terrível lugar por onde passou Odisseu, e onde demonstrou semelhante sagacidade, é a ilha dos Ciclopes, gigantes de um olho só no meio da testa, comedores de carne humana, habitantes de cavernas profundas no alto das montanhas (HOMERO, 1962, IX). Envolve também perigo fatal outra ilha da *Odisseia*: a ilha das Sereias. Seres intermediários entre o animal e o humano, elas atraem os marinheiros com belíssimo canto. Desconhecendo o perigo, eles se aproximam demais da ilha para ouvi-las. Sob o fascínio do som melodioso, os viajantes acabam por ir de encontro aos rochedos que circundam a ilha, e naufragam. Para resistir ao canto sedutor das Sereias, e continuar a viagem sem submergir, Odisseu ordena que lhe amarrem ao mastro da embarcação. Além disso, ele e os companheiros tapam com cera os ouvidos, para nada ouvirem:

> Se, por acaso, pedir ou ordenar que as amarras me soltem, mais fortes cordas, em torno do corpo, deveis apertar-me. (Homero, 1962, XII, 140-280)

Nos contos clássicos de Charles Perrault – contos e lendas da Idade Média, coletados e adaptados ao público infantil no século XVII –, o suntuoso castelo do Barba-Azul, com seus muitos aposentos decorados com ouro, prata, espelhos, ilustra um desses lugares ameaçadores que podem levar à destruição, principalmente das mulheres que se casam com o proprietário.

A história é bem conhecida. Barba-Azul, antes de sair de viagem, confia à mulher as chaves de todos os cômodos onde guarda seus impressionantes tesouros. Ela pode abrir todos eles, menos um. Um quarto pequeno, ao final do corredor do andar baixo, não deve ser aberto de modo algum. Se desobedecer, o marido lhe adverte, vai sofrer as consequências da ira dele. Mas, entre curiosidade e medo, venceu a primeira. A mulher abre o quartinho e descobre os terríveis segredos do poderoso senhor com quem havia casado. Agora a vida dela corre perigo de ser destruída, tal como aconteceu com as outras mulheres de Barba-Azul. A astúcia e os irmãos dela, porém, acabam por salvá-la.

O País das Maravilhas, criação de Lewis Carroll, faz parte, com sua singularidade, desse rol de lugares de difícil passagem. Nele, a protagonista sofre muitas e indesejadas transformações. As mutações são constantes, assustadoras, e ela ora é grande demais, ora pequena demais para o que pretende. Alice sofre o desconforto e a inadequação de nunca ter o corpo do tamanho certo, em um mundo em que suas expectativas são sempre frustradas. Ao entrar no País das Maravilhas, tudo o que ela entendia pertencer à ordem natural das coisas, nesse lugar excepcional, torna-se instável ou invertido. A lei de causa e efeito é abolida em espaço onde as possibilidades parecem ser ilimitadas.

Alice foi parar em país onde, como lhe explica o Gato de Cheshire, todos são um tanto loucos: "Eu sou louco. Você é louca". E quando ela lhe pergunta como ele pode saber que ela é louca, o gato lhe responde: "Tem de ser, senão não estaria aqui". Não é possível encontrar lógica nas sucessivas situações em que Alice se envolve depois que chega lá. Elas não são coerentes, não fazem sentido. Pelo menos, não o sentido habitual. As demais personagens que encontra, assim como os fenômenos que lá ocorrem, resistem à interpretação da menina.

Ela consegue, contudo, livrar-se das ameaças que a perseguem, quando diz à Rainha, soberana que gosta de ordenar o corte das cabeças de todos que lhe desagradam: "Quem se importa com suas ordens? Você, e todos eles, não passam, afinal de contas, de um simples baralho de cartas!" (CARROLL, 1982, p. 118).

E, assim, ela volta para o mundo ordenado que conhecia. Lugar de transformação e reversibilidade constante do sentido, o País das Maravilhas é, por excelência, o espaço do literário. Como disse Oscar Wilde, uma verdade na arte é aquela cujo oposto também é verdadeiro. A literatura se expressa na contradição, no paradoxo, naquilo que não se deixa traduzir por uma resposta única e por um sentido simples.

Há várias possibilidades de notação temporal nas histórias infantis. Às vezes, ela é bastante vaga, como ocorre no início do conto *A Bela Adormecida*, de Charles Perrault (1981, tradução da autora): "Era uma vez um rei e uma rainha muito tristes por não terem filhos". Em outras, simula-se precisão de data, como em *Uni Duni e Tê*, de Ângela Lago (2005): "Naquele dia, 19 de janeiro de 1981 às 6:15 da tarde, Zé do Cravo subia ao morro quando parou para conversar com Dona Xica". E há casos em que a notação é apenas sugestiva, como no livro *Soprinho*, de Fernanda Lopes de Almeida (1992): "Naquela linda tarde, uma fumaça azulada entrou no jardim".

Seja o caso que for, quando se trata de literatura, o tempo é sempre um outro, está fora do calendário. O "Era uma vez", célebre marcador de início de narrativa, traz marca de recuo ao passado. Mas, como se pode observar quando as crianças brincam, elas narram o brinquedo que transcorre em tempo presente com fórmulas do tipo: "agora você chegava, abria a porta e encontrava o pacote". É como na canção *João e Maria* de Chico Buarque: "Agora eu era o herói / E o meu cavalo só falava inglês / A noiva do *cowboy* / Era você além das outras três".

O tempo do verbo, nesses casos, menos que o pretérito, indica o desligamento do real, tal como acontece com o marcador de abertura das narrativas. Se o espaço, na literatura infantil, pode desafiar as leis físicas e ser múltiplo, em sua possibilidade de transporte a espacialidades alternativas, o tempo, por sua vez, sempre pode ser revogado.

Mesmo quando a história ordena o que conta em dias, meses, anos, a ficção sempre rompe com o tempo dos relógios, deixando-o suspenso. São instauradas formas ficcionais de figurá-lo. É desse modo que a queda em uma toca de coelho pode ser extrema e sofridamente longa para a protagonista de *Alice no País das Maravilhas*, e lhe dar a sensação de que não vai parar de cair nunca. A certa altura da queda, Alice acredita ter percorrido milhares de quilômetros e estar perto do centro da Terra. Mas todas essas escalas e medidas perderam validade no momento em que ela se precipitou naquele oco da toca. Uma passagem da obra é muito ilustrativa a esse respeito:

> O Tempo acreditou que eu queria matá-lo – continuou o Chapeleiro, num tom lúgubre – e desde essa ocasião não quer fazer mais nada do que lhe peço. São sempre cinco horas da tarde. (CARROLL, 1982, p. 69)

Em qualquer tipo de relato, lidamos com uma fenda que deixa o tempo linear separado de experiências temporais vividas segundo uma outra ordem. Existem basicamente duas formas de ficção, segundo Mendilow (1972): as que se constroem como relatos do tempo e procuram reproduzir a ordem cronológica dos relógios e calendários, e as que se constituem como relatos sobre o tempo. Pertencem ao segundo tipo histórias que desordenam passado, presente e futuro e todas aquelas que experimentam outras possibilidades, que não as lineares, de tratar a temporalidade: as histórias em que são sempre cinco horas.

Essa oposição caracteriza, em *A casa da madrinha*, os diferentes mundos de Vera e Alexandre. Diz Vera:

> Minha mãe e meu pai têm mania de relógio. Olha, eles me deram esse relógio de natal. Grandão assim pra toda hora eu ver hora e não atrasar nunca mais. Tudo lá em casa é marcado no relógio: almoço, lanche, jantar, hora de dormir, de estudar, de conversar, e a gente tem um relógio na sala, outro na cozinha, outro no quarto, tem um pequenino no banheiro, a caminhonete do meu pai não tem rádio mas tem relógio, e a minha mãe, em vez de relógio de pulso, tem um relógio de dedo assim feito anel. (NUNES, 1978, p. 53)

Quando Alexandre e Vera entram na casa, porém, os relógios deixam de funcionar, modo de figurar que entrou em vigência outra dimensão do tempo, que os meninos passam a experimentar:

> Olhou o relógio de pé. Ele mexia os ponteiros pra baixo e pra cima, não parava em lugar nenhum, estava numa atrapalhação medonha. Vera olhou o relógio de pulso; tirou a folha que tapava o mostrador. O relógio estava parado. (NUNES, 1978, p. 89)

Alice através do espelho, obra de Lewis Carroll posterior a *Alice no País das Maravilhas*, é também exemplar da alteração temporal reincidente nas histórias infantis. No País do Espelho, o tempo não flui para frente, vindo do passado, passando pelo presente e indo ao futuro. Lá, o tempo corre tanto para frente quanto para trás, de modo que é possível lembrar-se de acontecimentos futuros. Nesse lugar, primeiro pronuncia-se a sentença, só depois vem o julgamento e, finalmente, ocorre o crime.

O tempo pessoal também pode ser interrompido, o que não afeta o tempo dos outros habitantes do país. Pode-se, por exemplo, deixar de crescer a partir de certa idade, sem impedir que os demais avancem progressivamente e envelheçam. Com tanta liberdade de relação com o tempo, não surpreende que o presente, nesse país, possa ser evitado.

Nas histórias infantis, é recorrente a suspensão do tempo por obra do encanto, pelos poderes da magia. Em *A Bela Adormecida*, a feiticeira, que não foi convidada para as festas que celebravam o nascimento da princesa, lançou um sortilégio sobre a menininha. No dia em que ela completou 15 anos, feriu seu dedo no fuso de uma roca e caiu em sono profundo. O fuso, a roda de fiar, observa Gilbert Durand (1997, p. 337), pertence ao esquema imaginário de ritmo cíclico e temporal. Configura modelo do ritmo circular do dia, do ano. Por isso, com a Bela adormecem todos os membros da corte, e também os cavalos nos estábulos e mais os insetos que voejavam por ali.

Então, os espinhos dos jardins que cercavam o castelo cresceram de modo inusitado e o cobriram, de modo que nada dele pudesse ser visto de fora. Passaram-se 100 anos, antes que o indefectível jovem príncipe atravessasse o emaranhado de espinhos, encontrasse a princesa adormecida e a despertasse com um beijo. Com ela despertam todos os demais.

Uma das razões pela qual as narrativas sempre fascinaram os homens reside na capacidade que elas têm de dar conteúdo ao tempo, jogar com ele. Da mais simples à mais complexa, uma narrativa, à sua maneira, faz figuração temporal. Rompe com a marcação dos relógios e possibilita uma relação com o tempo distinta das experiências temporais comuns e involuntárias.

A construção e o vazio

> O todo de qualquer coisa nunca é contado.
> (HENRY JAMES, *A arte do romance*)

São muitas as histórias que um escritor pode contar. Mas ele escolhe uma possibilidade, um recorte entre infinitos outros que poderia ter feito, e compõe um texto. É por esse recorte que embarcamos na leitura: um deslocamento no tempo, no espaço, uma travessia ao final da qual a própria experiência da vida real pode ser compreendida de outro modo.

Uma frase conhecida de Henry James (2003, p. 160), a respeito da escolha do assunto e da forma literária pelo escritor, diz: "a casa da ficção não tem uma, mas um milhão de janelas – ou melhor, um número incalculável de possíveis janelas". Elas se abrem na vasta fachada, são aberturas com tamanhos e formatos variados, mas todas elas se voltam para a cena humana. O escritor esclarece que janelas não são portas com dobradiças, que abrem diretamente para a vida. Cada uma delas, porém, é ponto de observação para um sujeito que pode contar apenas com um par de olhos ou com binóculo, para lhe assegurar visão diferenciada da que têm outros que veem o mesmo espetáculo. Porque, sim, o observador e seus vizinhos assistem ao mesmo espetáculo, mas "um vê mais onde o outro vê menos, um vê negro onde o outro vê branco, um vê grande onde o outro vê pequeno, um vê grosseiro onde o outro vê refinado".

A imagem das muitas janelas sugere existirem incontáveis modos de contar uma história. E é inevitável associar a imagem do binóculo às imagens mentais que as histórias deixam em nós, permitindo que, indiscretos, examinemos pequenas coisas escondidas ou disfarçadas na construção, devassando o modelo de mundo criado, insinuando-nos nas frestas deixadas pelo escritor para que possamos inventar também. Para Henry James, o campo extenso corresponde à escolha do assunto. A janela, seja ampla ou estreita, tenha ou não sacada, é a forma literária.

Qualquer narrativa, por simples que seja, compõe um modelo do real e manifesta certo modo de interpretação de algo. Quando se trata de narrativa infantil, para que esse modelo funcione, precisa ter um universo de referência que possa ser identificado pela criança e possibilite reações por parte dela, seja por lhe permitir organizar vivências que teve, seja por lhe antecipar o que ainda não foi experimentado. Afinal, espera-se de uma narrativa que, de algum modo, amplie os conceitos já formados pelo leitor.

Quem observa as crianças sabe como são bem recebidas por elas personagens às quais podem aderir por via de identificação. Para isso, é importante que a criança possa identificar o universo de referência em que se inscrevem as personagens, assim como suas esferas de ação. Além disso, crianças esperam que as personagens sejam capazes de transformar as circunstâncias indesejáveis em que se encontram e possam superar as provas por que têm que passar ao longo da história. Por essa razão, quando o conflito não se dissolve, elas reclamam, dizendo que a história não acabou. Aguardam uma solução. Tudo bem. Terão muito tempo para descobrir que, na vida, nem sempre é assim.

A literatura endereçada à criança apresenta um aspecto controvertido e rico para discussão. Existem temas infantis e temas não infantis ou a questão pertinente reside no tratamento dado ao tema e não neste propriamente? Houve tempo em que o repertório de temas para criança era bastante circunscrito e posto a serviço da formação de um futuro adulto. Não resta dúvida de que as meninas da Condessa de Ségur,[1]

---

[1] A Condessa de Ségur, escritora russa nascida Sophie Feodorovna Rostopchine, viveu entre 1799 e 1874. Sua obra ilustra bem o conceito dominante de literatura infantil no século XIX. *As meninas exemplares* é um de seus títulos mais representativos.

aquelas crianças dóceis, obedientes, encantadoras, vivendo em um universo ficcional em que demonstrar respeito era qualidade máxima, não têm mais vez. O recato, a obediência, a formalidade, a passividade, valores da destronada família patriarcal, já não conformam os textos destinados às crianças.

Hoje, bem ao contrário, as crianças são estimuladas à rebeldia, por razões que têm mais a ver com nossos sonhos do que com os delas. Contardo Calligaris faz interpretação a esse respeito que pode esclarecer os conceitos que atuam nas representações da criança presentes na literatura contemporânea, assim como nas escolhas e tratamentos de temas no gênero. Poderá também explicar a legitimação ou a rejeição da crítica a determinadas obras, a partir do princípio defendido pelo psicanalista de que as crianças são representantes forçados de nossos sonhos. Projetamos nelas a perfeição que não temos e o ideal que sabemos não poder alcançar: "Olhamos para elas como uma foto de nossa infância onde queremos parecer felizes" (CALLIGARIS, 1996, p. 216).

São, assim, vistas como promessas de felicidade. Contudo, alerta Calligaris, uma criança sempre alegre, saudável, satisfeita, animada, despreocupada nada mais é do que uma caricatura da felicidade impossível. Delineadas desse modo, não passam de depositárias de nossas frustradas esperanças de sermos plenamente felizes. E ainda há a outra face da moeda. Quando essa é a visão predominante do que seja uma criança, é claro que se torna difícil amar – e representar – a que é sempre, ou algumas vezes, triste, doente, pobre, angustiada, desrespeitada, insatisfeita. Alguém vai argumentar que, pelo menos, as crianças pobres são personagens frequentes da literatura de hoje e de sempre. Sem dúvida, mas cabe ver em que medida suas desvantagens surgem como elementos de composição do que elas são e de que modo se fazem presentes na esfera de ação dessas personagens. Serão de fato reconhecidas nas suas dificuldades e carências ou reconstruídas, a partir delas, de modo a nos permitir lidar com o que não corresponde à nossa idealização da infância?

Importa é reconhecer que a relação que mantemos hoje com as crianças é cheia de contradições, porque, como ressalta ainda Calligaris, ao mesmo tempo que os mais velhos fazem prescrições para que exista a felicidade infantil, eles também se atribuem a responsabilidade de garantir que a criança, quando deixe de sê-lo e ingresse no mundo adulto, venha a ser também um adulto feliz. Convém relembrar seu argumento: é porque projetamos nas crianças nossas frustrações que o lugar ideal de infância, hoje, tornou-se algo entre um eterno jardim de infância e um eficiente cursinho pré-vestibular.

Em ensaio sobre H.C. Andersen e a literatura infantil, compilado como produção de 1953, Otto Maria Carpeaux (1999, p. 602) já dizia:

> Quem diria que as próprias crianças são felizes? A felicidade da infância só existe na memória transfiguradora dos adultos. Na verdade, as crianças apenas são felizes pela capacidade de viver intensamente seus sonhos infantis.

É ainda a idealização da infância que explica boa parte dos temas, personagens e tramas presentes em significativa mostra da produção contemporânea. A questão não se reduz a decidirmos se isto é bom ou mau, se merece ser acolhido ou rejeitado, mas sim de tomarmos consciência da fantasia com que estamos lidando. O uso da literatura para expressar a idealização de certa etapa de vida, ou a transmissão de ideias para a formação de determinado tipo de sujeito, continua vigente. Só o que mudou foi o modo de fazê-lo e os conteúdos a serem transmitidos. Portanto, embora uma gama variada de assuntos faça parte, hoje, da produção literária, ou daquela que assim se pretende, apenas em tese deixou de existir circunscrição temática para o público infantil. Pois, se foi repelido o pedagogismo à moda antiga, bem menos fácil é conseguir escapar das nossas idealizações do que seja infância, assim como do viés do que se passou a chamar de "politicamente correto".

Envelhecida uma orientação pedagógica, outra passou a nortear o gênero literário infantil, infiltrando-se nele e desfigurando-o, por exemplo, com mensagens de utilidade pública. Conceitos de indiscutível importância, postos em circulação com os melhores intuitos educativos, são endereçados aos textos de literatura infantil e colocados onde não cabem. A literatura não tem – e não pode ter – compromisso com a transmissão de antídotos a males sociais variados, seja sexismo, racismo, desigualdade social, poluição ambiental e outros. Tampouco lhe cabe a difusão de noções de saúde, higiene, religião, ecologia, história. Ou o texto é pragmático ou é literário. Ou é doutrinário ou é estético. Uma coisa e também outra não consegue ser. Livros em que predominam intenções ideológicas ou pedagógicas, e que têm por objetivo primordial transmitir informações de ordem prática, não privilegiam a fantasia nem a aventura individual do leitor com os sentidos múltiplos que um texto literário é capaz de suscitar. Se prevalecer o intuito de pregação, o texto fica impedido de, ao mesmo tempo, ampliar e matizar seus efeitos de sentido. É de Lister Parreira Duarte e Mario Corso[2] uma divertida caricatura dessa pretensão de censurar os textos em nome do politicamente correto, de que extraímos um fragmento:

> Era um vez, numa pequena e feliz comunidade auto-sustentável, uma linda menina que ganhou de presente um capuz vermelho. A menina adorou o capuz, mas se apressou em dar uma declaração à imprensa dizendo que o vermelho, embora fosse uma bela cor que remetia a vários significados, inclusive políticos e esportivos, não deveria ser tomado como sua cor preferencial.

A brincadeira ilustra o fato de que a literatura dá forma e feição a experiências permeadas de valores com as quais podemos – ou não – nos identificar. Mas sempre o faz por meio da sutileza, do sugerido, do que permanece instigante nas entrelinhas.

Percebemos a realidade como sendo ilimitada. A profusão de informações que recebemos a toda hora é desordenada e nossa possibilidade de conhecimento sabemos ser bastante restrita.

Uma narrativa, por fragmentária que seja, a partir de certos princípios, compõe um modelo do real, faz um recorte do mundo e ameniza a ameaça da Esfinge: "decifra-me ou te devoro". Contar é um modo de refletir sobre os acontecimentos narrados. Quem conta é a voz narrativa, aquela que, dirigindo-se ao leitor, lhe apresenta o mundo criado. E o faz segundo um ponto de vista, a partir do qual é percebida a experiência da personagem. O mundo contado dá forma ao mundo da personagem pela voz do narrador. A construção de nenhuma obra ficcional é, no entanto, completa. O modelo fica para sempre inacabado. A isso se deve o caráter instigante de certas obras que, não importa quantas vezes tenhamos lido, podemos retornar a elas e encontrar surpresas.

---

[2] Conforme a versão *Chapeuzinho Vermelho*. Disponível em: <http://www.revistanorte.com.br/>. Ver "Números Anteriores". Texto completo extraído da edição impressa n. 2 da mesma revista [acesso em: 1º ago. 2008].

A obra literária deixa vazios por onde podemos ingressar com nossa imaginação, nossa experiência, nossa capacidade para completar e refazer o narrado. A operação de leitura, por sua vez, é também inacabada, como sabe qualquer um que, tendo lido um livro em certa época, voltar a lê-lo em outra. Verá que a leitura já não é a mesma, porque já não é o mesmo o sujeito que lê. As vivências, que teve depois daquela primeira leitura, interferem no texto de tal modo que podem modificar a experiência, inclusive o fato de ter gostado ou não do que inicialmente leu.

Numa época em que a abundante oferta de títulos demanda saber distinguir literatura infantil de mero livro para criança, não se pode esquecer que um escritor de literatura infantil cria, por via da imaginação, por meio de uma linguagem própria, um modelo do mundo com traços muito peculiares. Inevitavelmente, sua obra estará marcada pela tradição, mas nela o criador conseguirá se inscrever com algo de feição autoral, e despertará no leitor uma feliz surpresa, como a que provoca obra de Bartolomeu Campos de Queirós (2007), de que destacamos a seguinte passagem:

> Declarava ser de um país que não tinha dia, não tinha noite, nem fronteiras, onde se falavam três línguas: Uma só feita de vogais, outra apenas de consoantes e uma terceira feita de silêncios. A bandeira de sua pátria foi costurada com três retalhos coloridos: um pedaço cor-de-nada, outro cor-de-vazio e o terceiro com metros estampados de silêncios.

Ao criar um mundo próprio, a literatura reage ao mundo fora do texto, desviando-se dele, revogando suas leis naturais, revertendo e revisando seus postulados, suas crenças. É por isso que um livro de literatura não serve como porta-voz de nenhuma causa, programa, doutrina, ideologia. Não prega. Não faz propaganda de nada. Não se submete ao politicamente correto. Não representa interesse de ninguém, porque uma de suas funções é construir contra-afirmações às crenças de todo tipo.

O discurso literário só avança na contramão e é desse modo que consegue tornar audíveis as mais diferentes vozes, estabelecer diálogos diversos e inusitados, acolher o próximo e o distante, o estranho e o familiar. Se o faz é porque oferece mitos e contramitos, capazes de abalar o que acreditávamos ser inquestionável, o que supúnhamos sentir e pensar. É por ser múltipla que a literatura oferece um espaço de liberdade. Sem cruzamento de falas, sem tensão, sem aventura de sentidos, onde há literatura?

Literatura de hoje: fronteiras franqueadas

> A literatura se vem impregnando dessa antiga ambição de representar a multiplicidade das relações, em ato e potencialidade.
>
> (Italo Calvino, *Seis propostas para o próximo milênio*)

A produção literária infantil deste início de século mostra acentuada inclinação para transcender as fronteiras de gênero e também para estabelecer novas relações entre imagens e palavras. As ilustrações abandonaram o modesto papel de ficar a serviço do que relatam as palavras e passaram a constituir um outro texto, de natureza visual, que estabelece interação com o verbal. Assim, ambos se tornaram igualmente fundamentais no livro para crianças. A obra de Roger Mello constitui exemplo dos mais expressivos dessa tendência, em época em que a comunicação visual ganha proeminência significativa.

Escritor e ilustrador, Roger Mello compõe duas textualidades nos livros que assina. Como desfrutam ambas de autonomia, as informações de um texto não se repetem no outro. O texto verbal não é replicado em imagens. O texto visual não ecoa em palavras. *Meninos do mangue*, um de seus livros mais celebrados, é representativo a esse respeito. O texto verbal reúne oito histórias contadas por uma personagem alegórica, a Preguiça, a uma outra, a Sorte. As duas estão à beira do rio Capibaribe, no Recife, dedicadas a pescar siri. Enquanto isso, elas narram histórias dos meninos do mangue, habitantes de casas suspensas, que vivem aventuras entre lama e marés, atentos sempre aos ciclos de seis horas em que a água sobe – hora de pescar – e a água desce – hora de pegar caranguejo. Exemplo do caráter polimórfico da literatura de hoje, que assume várias formas, em *Meninos do mangue*, cada conto é composto segundo um estilo narrativo, desde o remoto conto cumulativo até a fábula de feição contemporânea. Ilustrativo da natureza migratória dos discursos, o livro ecoa, de certo modo, a filmagem de que seu autor participou como diretor de arte: *O ciclo do caranguejo*, de Adolfo Lachtermacher. Esse filme, por sua vez, baseou-se também em outro discurso: uma crônica do sociólogo Josué de Castro.[1]

Lampião e Lancelote, do escritor e ilustrador Fernando Vilela, é outro exemplo de transposição de marcos. O livro, com proporções maiores que as habituais em semelhante produção para criança, lembra o formato de um livro de arte. As ilustrações, realizadas em xilogravura e carimbos, aproximam universos tão distantes quanto os da cavalaria medieval e do cangaço brasileiro. A obra embaralha ritmos verbais e visuais do repente nordestino e da prosa das novelas de cavalaria, e assim estabelece entrosamento entre gêneros literários completamente distintos. Usa a métrica tradicional do cordel nos diálogos entre personagens de um duelo que ocorre no Nordeste brasileiro. Abre lugar à prosa, quando o destaque é dado a Lancelote, personagem da novela de cavalaria que, no relato, contracena com Lampião. Cordel e cavalaria, visual e verbal, prosa e poesia não encontram fronteiras que possam impedir a aproximação concebida pela invenção e pela expressividade.

Combinam-se várias técnicas na ilustração, o que também contribui para a aproximação de culturas distintas. O uso das cores do bronze e da prata aludem à indumentária de cangaceiros e cavaleiros. A xilogravura – gravura em madeira – por sua vez, além de referir o padrão ilustrativo do cordel, sugere o universo de Gutenberg, o trabalho artístico dos tipógrafos, que também envolvia técnicas diversas. Relatos de cavalaria, contos e lendas da Távola Redonda, histórias de cordel, efeitos de iluminuras, iconografia baseada em armas e armaduras da Idade Média, por mais distanciados que sejam entre si, afirmam-se, pelas aproximações e efeitos da obra, como elementos de um imaginário comum.

---

[1] O pernambucano Josué de Castro viveu entre 1908 e 1973. Autor de *Geografia da fome* e *Geopolítica da fome*, estudou as condições de vida dos mangues urbanos.

Além desses aspectos que se oferecem ao olhar, outros, próprios da literatura infantil neste início de milênio, se dão a perceber no texto verbal. Também nele o tratamento do tema desloca no espaço e no tempo elementos de culturas diversas. Ao deslocar, aproxima o inesperado, transplanta Lancelote ao cangaço. Pode? Quando a obra assume olhar contemporâneo e se orienta pela pluralidade das referências culturais, sim. Porque vivemos tempo de fronteiras franqueadas, convivência de culturas diversas, ausência de centralidade.

Nessa mudança de foco reside a diferença fundamental entre a literatura infantil de hoje e aquela produzida nos anos 1970, período de expansão e consolidação do gênero. As circunstâncias políticas daquela época definiam com nitidez o lugar centralizado do poder e a luta pela democracia repercutia nas trocas simbólicas, como a literatura, o confronto com o autoritarismo e a luta por emancipação.

Na literatura de hoje, no entanto, referências políticas, sociais, culturais ganham multiplicidade e voltam-se à afirmação da diferença e do lugar do outro. O texto literário combina elementos das culturas mais diversas e estabelece entre elas diálogos capazes de romper com a programação e o condicionamento, que por acaso tenhamos, para perceber sempre o mesmo. Assim, um efeito possível das variadas formas de trocas simbólicas na cultura é a percepção pelo sujeito de que seu mundo não é o único, e que o outro – o diferente dele – não é objeto, mas é também sujeito. Sendo assim, por distante que o outro esteja, não será apenas um objeto no foco da observação, mas um interlocutor em diálogo em que ambas as partes se dão a conhecer. De tal modo que, quando um recebe algo do outro, influenciam-se.

A identidade, parece que finalmente aprendemos, não é fixa, mas instável. Não nascemos com ela. Nós a construímos ao longo da vida vivida, pensada, sonhada, compartilhada. Por isso, uma forte vertente temática da literatura infantil contemporânea volta-se ao reconhecimento de diferentes grupos sociais como sujeitos portadores de uma cultura. É assim que as manifestações literárias de hoje, como bem expressa Zila Bernd,[2] tornam-se o palco onde se encena um jogo de olhares recíprocos, pelo qual se tenta

---

[2] A ensaísta se refere especificamente à literatura negra em argumento que, guardadas as proporções, pode ser estendido a outros grupos. Ver "Literatura negra" (JOBIM, 1992).

desconstruir a imagem estereotipada fabricada sobre o outro, e cristalizada como se verdadeira fosse, silenciando assim o discurso alheio.[3]

É também livre de impedimentos de fronteiras que as histórias mais diversas, lidas em livros, ouvidas na família, narradas por amigos, ocupam e regem nosso imaginário. Sem ordem ou hierarquia, em um bazar de narrativas, folclore, mitologia, causos, relatos daquela tia, outros da indústria cultural, uns tragicamente verídicos ou, quem sabe, alegremente sonhados, são guardados sem ordem na memória. Povoam nosso inconsciente, compõem nosso repertório narrativo individual. Como essas histórias são muitas, hoje, uma se faz presente e outras recuam. Amanhã, a que parecia esquecida é lembrada. Existimos nós e essa porção de histórias que carregamos, às vezes sem saber, sem tempo ou disposição para recordá-las ou enumerá-las, da maneira como fez Moacyr Scliar (1996, p. 7), ao dar expressão à miscelânea narrativa de seu repertório íntimo:

> Na verdade, todas as minhas recordações estão ligadas a isso, a ouvir e contar histórias. Não só histórias dos personagens que me encantaram, o Saci-Pererê, o Negrinho do Pastoreio, a Cuca, Hércules, Teseu, os Argonautas, Mickey Mouse, Tarzan, os Macabeus, os piratas, Tom Sawyer, Sacco e Vanzetti. Mas também as minhas próprias histórias, as histórias de meus personagens, estas criaturas reais ou imaginárias com quem convivi desde a infância.

Referências

ALMEIDA, Fernanda Lopes de. *Soprinho*. São Paulo: Ática, 1992.

BARRIE, J. M. *Peter Pan*. Tradução de Maria Antonia Van Acker. São Paulo: Hemus, s/d.

BAUM, L. Frank. *O mágico de Oz*. Tradução e adaptação de Ligia Cademartori. São Paulo: FTD, 2008.

BOCACCIO, Giovanni. *Decamerão*. Tradução de Torrieri Guimarães. São Paulo: Abril Cultural, 1971.

CALLIGARIS, Contardo. As crianças e os seus. In: *Crônicas do individualismo cotidiano*. São Paulo: Ática, 1996.

CALVINO, Italo. *Por que ler os clássicos*. Tradução de Nilson Moulin. São Paulo: Companhia das Letras, 1993.

---

[3] Ver problematização desse tema em ensaio de Aracy Martins e Rildo Cosson em PAIVA e SOARES (2008).

CARPEAUX, Otto Maria. *Ensaios Reunidos. 1942-1978*. v. 1. Rio de Janeiro: UniverCidade Editora, 1999.

CARRASCOZA, João Anzanello. *O homem que lia as pessoas*. São Paulo: Edições SM, 2007.

CARROLL, Lewis. *Alice no País das Maravilhas*. Tradução de Fernanda Lopes de Almeida. São Paulo: Ática, 1982.

CARROLL, Lewis. *Aventuras de Alice no País das Maravilhas e Através do Espelho*. Tradução de Maria Luisa Borges. Rio de Janeiro: Jorge Zahar, 2002.

COLLODI, C. *Pinóquio*. Tradução de Edith Negraes. São Paulo: Hemus, 1985.

DURAND, Gilbert. *As estruturas antropológicas do imaginário*. Tradução de Hélder Godinho. São Paulo: Martins Fontes, 1997.

HOMERO. *Odisséia*. Tradução de Carlos Alberto Nunes. São Paulo: Melhoramentos, 1962.

JAMES, Henry. *A arte do romance*. Organização, tradução e notas de Marcelo Pen. São Paulo: Globo, 2003.

JOBIM, José Luís (Org.). *Palavras da crítica*. Rio de Janeiro: Imago, 1992.

JONES, Lloyd *O Sr. Pip*. Tradução de Léa Viveiros de Castro. Rio de Janeiro: Rocco, 2007

LAGO, Ângela. *Uni Duni e Tê*. São Paulo: Moderna, 2005.

MANGUEL, Alberto; GUADALUPI, Gianni. *Dicionário de lugares imaginários*. Tradução de Pedro Maia Soares. São Paulo: Companhia das Letras, 2003.

MEIRELES, Cecília. *Problemas da literatura infantil*. São Paulo: Summus, 1979.

MELLO, Roger. *Meninos do mangue*. São Paulo: Companhia das Letrinhas, 2001.

MENDILOW, A. A. *O tempo e o romance*. Tradução de Flávio Aguiar. Porto Alegre: Globo, 1972.

NUNES, Lygia Bojunga. *A casa da madrinha*. Rio de Janeiro: Agir, 1978.

PAIVA, Aparecida; SOARES, Magda (Orgs.). *Literatura infantil. Políticas e concepções*. Belo Horizonte: Autêntica, 2008.

PERRAULT. *Contes*. Paris: Gallimard, 1981.

PIGLIA, Ricardo. *O último leitor*. Tradução de Heloísa Jahn. São Paulo: Companhia das Letras, 2006.

QUEIRÓS, Bartolomeu Campos de. *Sei por ouvir dizer*. Erechim (RS): Edelbra, 2007.

SCLIAR, Moacyr. Memórias de um aprendiz de escritor. In: SCLIAR, Moacyr. *Minha mãe não dorme enquanto eu não chegar*. Porto Alegre: L&PM, 1996.

SONTAG, Susan. *Ao mesmo tempo: ensaios e discursos*. Tradução de Rubens Figueiredo. Organização de Paolo Dolonardo e Anne Jump. São Paulo: Companhia das Letras, 2008.

SOUZA, Gláucia. *Catirina e a piscina*. São Paulo: FTD, 2007.

VILELA, Fernando. *Lampião e Lancelote*. São Paulo: Cosac Naify, 2006.

LITERATURA JUVENIL
Refúgio na fantasia ou fim da inocência?

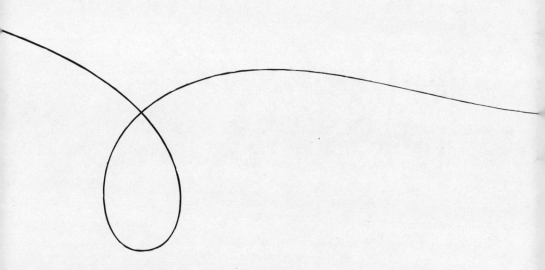

O mundo é maior que o meu bairro

> [...] passeava meus olhos displicentes pela lombada dos livros, quando a bibliotecária, confundindo distração com interesse, pescou-me, felicíssima, depositando em minhas mãos um livro, que por polidez não recusei. Carreguei-o para casa, abri-o em dois ou três dias de profunda excitação [...] Eu tinha 12 anos e pela primeira vez me dava conta de que o mundo era maior que o meu bairro, maior que minha cidade, maior talvez que as montanhas que azulavam lá longe. E isso descobri pelas palavras de um escritor ucraniano, então soviético, Anatoly Kuznetzov [...] Por erráticos mistérios, o menino do bairro Paraíso, em Cataguases, identificou-se com a solidão, a angústia, o senso de sobrevivência daquelas famílias judias em plena Segunda Guerra Mundial.
>
> (LUIZ RUFFATO, *Espécies de espaço*)

Ninguém com algum interesse em leitura juvenil há de ler o fragmento acima, extraído de um ensaio de Luiz Ruffato, com indiferença. Encontro nele pontos fundamentais sobre a questão da literatura para jovens. Mas foi o verbo "pescou-me" que, de imediato, atraiu minha atenção. Um menino de 12 anos, alheado, andando a esmo na mesmice dos dias, vê a vida modificada por interferência de uma bibliotecária – e vem aí a segunda palavra particularmente significativa do texto – "felicíssima". Na referência ao estado de ânimo, com que ela deposita o livro nas mãos do menino que "pescou", temos uma didática da leitura sintetizada em duas palavras. Ela não propôs nem impôs uma tarefa. Apenas partilhou, com alegria, algo que considerava precioso. Tratava-se de uma profissional, é claro, mas, antes disso, de uma leitora entusiasmada. Seu gesto não formou apenas um leitor, deu início ao longo percurso em que um ficcionista se constitui como tal.

A reação do jovenzinho à leitura da obra comprova que a bibliotecária foi feliz, também, ao avaliar a adequação da obra para tal leitor. Ou, quem sabe, tenha sido apenas palpite, intuição, tiro no escuro. O que importa é que ela acertou, e o displicente, o distraído, leu o livro com avidez e "profunda excitação". Não se deseja outra coisa como reação de leitura, senão que o leitor desfrute intensamente o que lê. Porém, mais do que isso, a leitura permitiu ao rapazinho uma descoberta importante: ele pôde perceber que o mundo era bem maior que o lugar onde vivia. Seus horizontes se ampliam, transpõem as montanhas que o cercam, e ele experimenta decisiva vivência do ilimitado.

A declaração de Ruffato dá uma resposta consistente aos exageros frequentes do afã localista na prescrição de temas e autores adequados ao leitor jovem. Que autor um rapazinho mineiro de 12 anos deve ler para conseguir se identificar com o universo representado? Alguém responderia "um escritor ucraniano que narre o drama das famílias judias na Segunda Guerra"? Certamente, não. Então, o que terá feito o menino de Cataguases se identificar com a solidão, a angústia e o senso de sobrevivência de personagens em tudo tão diferentes dele? Ora, o texto. O que pode provocar a adesão e o despertar de sentidos múltiplos é a força textual, a sedução do relato, a literatura, enfim, esse mundo muito maior que o nosso bairro.

Depoimentos como esse de Ruffato, em certa medida, podem pôr em causa a existência de um gênero literário específico para jovens, porque vem comprovar que, aos 12 anos, um sujeito pode se interessar por livros que não o previam como destinatário. Especialmente em situações de contato com o livro fora do circuito escolar, na relação espontânea com as obras, caso de escolha pessoal ou intermediada pela recomendação de outro leitor. Se feito um paralelo com outros meios, como os eletrônicos, é indiscutível que, por eles, o jovem é posto em contato com informações e narrativas de caráter geral, programadas para atingir o amplo público em suas diferentes faixas de idade. Com livre acesso a tudo que exibem esses meios, o jovem recorta, do repertório ilimitado, aquilo que possa lhe interessar. Frente a essa potencialidade de acesso às mais diversas narrativas e informações pelos meios eletrônicos, como subsiste algo tão restrito denominado literatura juvenil? Trata-se mesmo de um gênero?

Há, porém, uma indagação anterior a ser feita. Precisamos perguntar o que é, afinal, um jovem. Uma resposta autorizada vem da Organização Mundial da Saúde, ao estabelecer os conceitos, bem diferentes entre si, de adolescência e de juventude (Bianculli, 1997, p. 31-39). O adolescente é definido como um indivíduo entre 10 e 20 anos, que passa por modificações corporais e por adaptações a estruturas psicológicas e ambientais, que irão conduzi-lo à vida adulta. A definição do que seja um adolescente é, portanto, de natureza biopsicossocial. Já a definição de juventude parte de um enquadramento social e engloba parte da adolescência e o início da vida adulta. Corresponde a uma faixa etária que vai dos 15 aos 25 anos. Nesse período, espera-se que ocorra a maturação da personalidade do sujeito e o início de sua integração na sociedade a que pertence.

A consideração de faixas etárias tão amplas como marco das duas definições deixa evidente a falta de correspondência entre o que convencionamos ser o destinatário da chamada literatura juvenil e as definições do que seja adolescente e jovem. Na verdade, quando falamos em literatura juvenil, não pensamos propriamente em gênero literário, nem em indivíduo e, muito menos, em um sujeito a que tal literatura se destine. Em geral, a ideia que temos é de um tipo de texto aceito e promovido por determinada instituição. É a partir da escola que se pensa e conceitua o que seja literatura juvenil, e isso, por si só, revela o caráter instrumental que lhe é atribuído.

A partir da escola como destino e marco, costuma-se rotular de juvenil a literatura endereçada a alunos das séries finais do ensino fundamental e àqueles que frequentam o ensino médio. E a oferta editorial para esse segmento como se comporta? Não poderia ser diferente. Ela repercute a nebulosidade do conceito. Há quem, como o poeta e escritor norte-americano Thomas Michael Dish, tenha defendido que um livro para adolescentes deve garantir certa dose de inocência, capaz de agradar meninos espertos como Peter Pan. Em entrevistas, o autor declarou que um texto escrito para esse público precisa piscar o olho em cumplicidade com as características ainda imaturas de seu leitor, que tem pressa, imaginação fértil, muito humor e pouca paciência com regras alheias.

Outros, no entanto, como o crítico argentino Gonzalo Garcés, postulam que um livro juvenil deve fazer exatamente o contrário. Garcés argumenta que os velhos podem idealizar a inocência à vontade, mas os jovens sabem que é urgente fugir dela. Um bom autor juvenil, segundo ele, compõe a obra com um ponto de vista capaz de levar o leitor a perder a inocência que deve perder e a enxergar o que temia ver. São opiniões controversas, e os títulos que o mercado apresenta como sendo juvenis assumem ora uma posição, ora outra.[1] Os diferentes tipos de literatura que encontram receptividade por parte dos leitores jovens também demonstram que eles aderem tanto a uma como a outra tendência, pois nada impede que elas convivam em perfeita harmonia, no exercício de liberdade de escolha dos títulos mais diversos, direito inalienável de qualquer leitor.

O sucesso arrasador de *best-sellers* como os da série *Harry Potter*, de J. K. Rowling; *Crônicas de Nárnia*, de C. S. Lewis; *O senhor dos anéis*, de J. R. R. Tolkien dão razão a Thomas Michael Dish e à sua concepção de que literatura juvenil se faz com muita fantasia e boa dose de mistério. A série de J. K. Rowling, de modo especial, testou o fôlego de leitura dos leitores jovens, comprovando que eles não têm preguiça de ler volumes espessos, quando a trama é atraente e tecida com imaginação exuberante. Esse tipo de ficção recorre ao forte apelo dos temas míticos que opõem, de modo maniqueísta, convém frisar, a existência das forças do bem e do mal. As personagens arquetípicas dessa série, no entanto, ao longo de seus percursos e entraves, propõem e reforçam uma organização do mundo com base em valores como coragem, persistência, amizade e lealdade. A repercussão de outros livros semelhantes, é bom lembrar, não é totalmente dissociada da tendência da época ao esotérico, ao ocultismo, e do entusiasmo e interesse despertados pela variedade de crenças e práticas místicas.

O problemático na questão da literatura juvenil, contudo, não reside nas escolhas individuais nem nas preferências de uma geração, mas na concepção de um gênero voltado a uma instituição e não a um sujeito leitor. É esse vínculo da produção com a escola que lhe confere um caráter problemático, por ocorrer em momento histórico em que a instituição escolar passa por acentuada crise. Com exceção de algumas instituições privadas, a que apenas um grupo restrito tem acesso, a escola de hoje sequer transmite de modo satisfatório conhecimentos básicos,

---

[1] Ver prólogo de Gonzalo Garcés em BENEDETTI, 2005.

e nem de longe compete com os meios de comunicação de massa na transmissão de informações, valores e comportamentos.

Na análise da crise educacional da escola pública de nível médio na Argentina, Beatriz Sarlo radiografa elementos negativos do cenário, em nada diferentes dos que vemos no Brasil. A escola pública brasileira já foi lugar de eficiente difusão de conhecimentos, que os mais pobres só poderiam adquirir por meio dela. Há muito, porém, deixou de sê-lo. Perdeu prestígio, com a queda dos tradicionais padrões de autoridade, e com a transferência da abundância simbólica para os meios de massa. Ao constatar que o rompimento com a forma tradicional de ensino na América Latina não levou à invenção de nova escala de valores, Sarlo (2005, p. 99) observa:

> O vazio de significados afeta tanto os estudantes como os professores. Estes, por outro lado, são o corpo vitimado que suporta a miséria previsível: seus salários não contemplam nem o período da preparação das aulas, nem a atualização metodológica, nem a procura de uma teia que una o saber à cultura dos estudantes.

A pensadora argentina pondera que a escola poderia, sim, beneficiar-se do que seus alunos aprendem em outros lugares, como a velocidade requerida nos *videogames*, a capacidade de compreensão e resposta à linguagem das telas, além da familiaridade com conteúdos diversos veiculados por diferentes meios. Mas Sarlo não tem certeza de que essas habilidades forneçam capacidades suficientes para a aquisição de outras, tais como a precisão verbal, a capacidade de interpretar textos e a de produzir uma argumentação escrita. Ou seja, a escola pode aproveitar essas habilidades até certo ponto, mas elas serão insuficientes para transformar um jovem em leitor e produtor de textos, porque "a cultura é sempre um corte, um desvio ou uma supressão dos nossos impulsos. A escola é um dos lugares onde esse corte deve ser feito de maneira menos autoritária" (SARLO, 2005, p. 104). E a literatura é, sem dúvida, um modo privilegiado de operá-lo.

Boas narrativas e bons poemas, sem trair a perplexidade e a confusão dos sentimentos e desejos humanos, são matrizes de reflexões sobre a vida. Podem nos levar a reconhecer, apreciar e até reformular as experiências que temos. Os sonhos dos outros estimulam os nossos sonhos. Como disse Contardo Calligaris (2008), fazer valer a complexidade da experiência humana, e despertar nosso interesse nela, é uma das funções básicas da cultura em suas diferentes formas. Nossas telas oferecem narrativas o dia inteiro, mas, adverte o psicanalista italiano,

> É possível que, por sua própria presença maciça em nossas telas, as ficções tenham perdido sua função essencial e sejam contempladas não como um repertório arrebatador de vidas possíveis, mas como um caleidoscópio para alegrar os olhos, um simples entretenimento. Os heróis percorrem o mundo matando dragões, defendendo causas e encontrando amores solares, mas eles não nos inspiram: eles nos divertem. (CALLIGARIS, 2008, p. 281)

Aos 12 anos, um adolescente tem condições de refletir sobre si mesmo e sobre o ambiente em que vive, mas são as características do meio que diferenciam as oportunidades de cada um para fazê-lo. Nem sempre a capacidade intelectual de um jovem encontra no sistema de ensino condições adequadas para se desenvolver. Nem sempre as indagações existenciais, que nesse período se esboçam, encontram estímulos externos, fora dos meios de massa, para que se fortaleçam.

Antes circunscrito ao ambiente em que predominam as imagens parentais e as relações verticais, o jovem salta da família para formas de inserções na sociedade, onde experimenta, com pessoas da mesma idade, relações sem hierarquia. Forma grupo com semelhantes, procura aprender a ser para si mesmo, ensaia conhecimentos do mundo exterior. E, se o conceito de jovem prevê um sujeito que vive a etapa inicial de sua integração social, cabe perguntar a que formas de participação na sociedade ele tem, de fato, acesso.

A grande forma de participação, a que o jovem hoje é convocado, resume-se ao consumo de moda, equipamentos eletrônicos, produtos da indústria cultural, ambientes de convivência e lazer juvenil. Logo, a participação que lhe oferecem relaciona-se essencialmente a dinheiro e ao poder que este confere. O tempo livre, aquele em que o jovem não passa na escola, recebe igualmente pautas do consumo e fica relacionado apenas com recreação ou lazer: tempo livre deve ser gasto com diversão. De forma bastante impositiva – sabemos bem o quanto a sociedade consumista é autoritária –, todos têm que fazer, comprar e exibir as mesmas coisas nos mesmos lugares e situações, porque a pena para quem não obedece é a exclusão do grupo. Uma passagem muito representativa dessa censura dos colegas ao jovem que se diferencia e, por exemplo, ousa ler o que o grupo não lê é assim ilustrada em romance de Philip Roth (2008, p. 221):

> – Você era a única que lia?
> – Era. É verdade. Sabe, quando eu era menina, bem garota, chegou uma época em que a coisa ficou ridícula. Um dia me pegaram em flagrante, e foi tão constrangedor que eu parei. Eu levava meus livros e escondia dentro da revista *Seventeen* pra ninguém ver o que eu estava lendo. Mas eu parei com isso. O constrangimento, se me pegavam, era muito maior do que se eu simplesmente lesse o livro, e aí eu parei de fazer isso.

Um jovem precisa ser extraordinariamente independente para que, de fato, escolha o que fazer no seu tempo livre, além de se divertir e praticar esportes. Nada contra esportes e diversão, nada mesmo, mas, como nos recorda Bianculli (1997), um jovem precisa também de tempo para pensar, sentir e criar, tempo para descansar e ficar consigo mesmo, para tomar consciência das mudanças pelas quais está passando e que, de algum modo, o desorganizam e podem gerar conflitos de diferentes graus.

O candidato a adulto é sobrecarregado de ambivalências e de inseguranças, ao contrário do que possam sugerir as gloriosas imagens juvenis da publicidade. Uma possibilidade de o jovem examinar suas dúvidas e instabilidades poderia dar-se na conversão de parte do tempo livre em tempo-livro, como ocorreu com Ruffato. Alguns livros são leitura programada pela escola, sim, mas outros podem ser escolhidos como atividade alternativa, busca de respostas a perguntas que o mundo nos impõe, por mais que saibamos que qualquer resposta construída é inevitavelmente provisória. Há uma frase breve, de Beatriz Sarlo (2005, p. 107), que considero emblemática, pois contém o núcleo do problema que cerca a literatura dita juvenil que a escola promove: "nossa escola corteja o mundo dos jovens, em vez de lhes oferecer a alternativa de conhecer outros mundos".

Quer dizer, não se trata de adequar uma produção literária à escola pelo reflexo – sem reflexão – do que já é do mundo do jovem em sua relação com os meios de massa. Trata-se, sim, de introduzir, no ambiente escolar, obras variadas, com alto potencial simbólico, de modo a corresponder ao anseio por outras respostas possíveis, ainda que efêmeras, a questões diversas sobre si e sobre o mundo, que convocam o entendimento e o sentimento de um sujeito em formação.

O mundo dos outros

> E além de Shakespeare, recontado ou direto, havia Winnie
> Puff e *O jardim secreto*, *As viagens de Gulliver* e as irmãs Brontë
> [...] Dickens, muito Stevenson, *O príncipe feliz* de Oscar
> Wilde... Claro, havia livros americanos, também, como os
> contos de Poe e *Mulherzinhas*, romances de Jack London [...]
> Dumas, Hugo...
> (Susan Sontag, *Ao mesmo tempo*)

Na cena de leitura da escritora quando jovem, referência aos livros que ela lia, observa-se a coexistência pacífica de ficções inglesa, norte-americana, francesa, reunindo as mais diferentes tendências. Ao evocar suas memórias de leitora em formação, e nomear suas preferências, Sontag alude a Shakespeare "recontado ou direto". Ou seja, ela leu o clássico, tanto no original quanto na versão adaptada, provavelmente em etapas distintas da vida, pois nem sempre o acesso às obras que nos serão fundamentais se dá, no primeiro momento, diretamente na fonte. Às vezes, a intermediação criadora de um outro, seja tradutor ou adaptador, faz-se necessária. É por isso que Susan Sontag, em *Ao mesmo tempo*, obra reunida pouco antes de ela morrer, em 2004, afirmou não haver outro meio de fazermos parte da comunidade da literatura – que inclui mais mortos que vivos, autores da nossa terra e de terras distantes – senão pela tradução, que está no centro do projeto literário.

Claro que isso só vale para quem não quer apenas mais do mesmo e é capaz de sentir interesse pelo que é do outro. Ainda me surpreendo com a existência de preconceitos em relação a esse tema. Nem todo mundo é receptivo à cultura produzida em outros países, comportamento que recebeu de Milan Kundera (2006, p. 40), romancista e pensador tcheco contemporâneo, nome muito apropriado e bem pouco lisongeiro: provincianismo. Como definir o provincianismo? – ele pergunta. "Como a incapacidade (ou a recusa) de considerar a cultura no grande contexto." Para Kundera, existem dois contextos nos quais podemos situar uma obra de arte: um é o da história da nação onde ela foi produzida, que ele chama de pequeno contexto; o outro é o da história supranacional da arte, chamada de o grande contexto, algo que se dá muito além de qualquer fronteira geográfica e circunstância política.

Obras traduzidas e adaptadas exercem importante função tanto na formação quanto no entretenimento do leitor jovem. Relembre o depoimento de Luiz Ruffato, que se tornou leitor graças a um texto originalmente escrito em russo. O que restará, nos textos traduzidos e adaptados, das obras originais? Essa questão inquieta a muitos apreciadores dos clássicos e às vezes chega a gerar resistência em relação a obras adaptadas. No entanto, um aspecto importante da produção cultural contemporânea é o enfraquecimento da ideia de que a obra é única e de que as versões que dela se façam sejam, por decorrência, inaceitáveis ou desprezíveis. Versões, assim como citações, paródias, *pastiches*, consagram em diferentes graus o que foi chamado de a estética da repetição, expressão do escritor italiano Omar Calabrese (1987), para se referir à produção que tem por base a relação estabelecida entre um texto e vários outros.

Os títulos dos livros são *Otelo*, *O mercador de Veneza*, *A tempestade*, *A comédia de erros*, *Conto de inverno*, etc., mas o crédito do texto é de Charles e Mary Lamb. Obras célebres de William Shakespeare, o grande gênio literário inglês, adaptadas pelos Lamb, receberam versão para o português. São textos de que foram suprimidos alguns elementos da obra original. Foram eliminadas as histórias paralelas que interferem na unidade de ação, mas preservou-se o que neles é residual, de modo a garantir a empatia e o interesse do público juvenil.[1]

Que toda tradução, assim como qualquer adaptação, recalca uma diferença frente ao original, não resta dúvida. Traduzir tem origem no verbo latino *traducere*, que significa conduzir alguém para outro lugar. A ideia, portanto, é de transporte para algo diferente. Adaptar, por sua

---

[1] Ver títulos de Shakespeare com adaptações de Charles e Mary Lamb, publicados pela editora Dimensão.

vez, tem raiz na ideia de aproximação. Sendo assim, quando comparadas com o original, uma adaptação e uma tradução formam, de certo modo, um duplo fracasso. Por que, então, se ressalta a importância e o prestígio delas? Porque é exatamente nessa diferença em relação ao original que se insere a inventividade do tradutor e do adaptador, para produzir a recriação que transforma um texto em outro com força própria. Além disso, o conceito de original, como tantos outros, sofreu abalos nos últimos tempos. Do próprio texto de Shakespeare não se pode dizer que permanece o mesmo, uma vez que já foi drama popular, espetáculo a que também comparecia o povo pobre e inculto e, hoje, no entanto, ler Shakespeare tornou-se signo de alta cultura.

Até a metade do século XIX, as peças de Shakespeare eram apresentadas junto a *shows* de canto e dança e a exibições de malabarismo. Tudo fazia parte do mesmo programa. Naquela época, Shakespeare era tão agradável às massas quanto no século XVI, não porque a qualidade do ensino nas escolas fosse melhor, mas porque, naqueles tempos, o mundo desse autor extraordinário estava mais próximo das pessoas.

Segundo nos mostram as inúmeras versões literárias e cinematográficas, além de encenações diversas, o Shakespeare que sobrevive para o grande público, transpondo o círculo dos especialistas e leitores privilegiados, é esse das transformações. Múltiplos autores aproximam-se dessa fonte torrencial e, de algum modo, dela se apropriam, recriando as concepções do autor no fluxo interminável dos discursos que, entre si, se glosam e constituem a cultura. Sem esse trabalho de transporte e transformação que os tradutores realizam, não haveria cultura literária. Não iríamos além do limite da nossa língua e da nossa cultura. Não conheceríamos o outro. Seríamos mais pobres.

O original de uma obra, como tudo, é suscetível à passagem dos anos, às mudanças ideológicas e de contexto. Quando o original se torna algo muito distinto para o público, a tradução e a adaptação podem preservar o que existe nele de essencial, no que pesem as dificuldades e as armadilhas todas dessas intermediações. Os títulos baseados na obra do dramaturgo inglês, com texto de um outro e traduzidos por terceiros e quartos e quintos, geralmente preservam a relação com a origem na fidelidade à trama. Mas assume-se com relativo conforto a diferença do transporte para uma época, um público e uma língua distintos, quando se reconhece que a transformação de um texto em outro é, em si, uma nova produção.

É desse modo que são oferecidos aos jovens contatos com tramas clássicas, como se fossem um primeiro encontro, em que as expectativas são maiores que as realizações. As adaptações tornam possível a proximidade com histórias frequentadas por gerações sucessivas e que deixaram suas marcas nas culturas por onde passaram. Sem dúvida, a leitura indireta de Shakespeare, ou de qualquer outro clássico, pode estimular a futura leitura integral do autor que a inspira, a ser feita quando houver maturidade para isso.

As adaptações, quando bem feitas, podem preparar para o conhecimento dos clássicos, obras que, como disse Italo Calvino (1993, p. 10) em relação aos clássicos em geral, "exercem uma influência particular quando se impõem como inesquecíveis e também quando se ocultam nas dobras da memória, mimetizando-se como inconsciente coletivo ou individual". Ele explica: as leituras da juventude podem até ser de pouco proveito pela impaciência, distração e também pela inexperiência de vida daquele que lê. Mas, ao mesmo tempo, oferecem modelos que continuam a valer, mesmo quando a gente nem lembra mais do livro lido. No entanto, se surge a oportunidade desse livro ser relido em idade madura, com frequência encontramos nele algo que já fazia parte de nossos mecanismos interiores e cuja origem havíamos esquecido completamente.

O caráter aproximativo da adaptação não justifica, porém, que, ao adaptar, se subtraia da obra o que podemos chamar de elementos essenciais, porque constituem as marcas de identidade a que a obra deve a permanência ao longo dos séculos, farta fonte de sentidos a leitores diversos. Tampouco é desejável que lhe sejam retirados traços muito próprios de sua estrutura, aos quais ela deve sua particularidade entre as demais obras. Para melhor ilustrar isso, recorro ao caso de tradução e adaptação de uma obra muito antiga, situada nas origens da narrativa ocidental.

Em 1554, apareceu em Burgos, na Espanha, um livrinho, de autoria desconhecida. Chamava-se *A vida de Lazarilho de Tormes e de suas fortunas e adversidades*.[2] O prólogo da obra inicia-se em primeira pessoa: "Sou de opinião que coisas importantes, caso ainda não tenham sido vistas nem ouvidas, devem ficar conhecidas [...]". As tais coisas referidas, o leitor vai logo saber, é a história de um sujeito que era

---

[2] Ver, em português, *Lazarilho* (2006). Tradução e adaptação de Ligia Cademartori. As citações da obra correspondem à atualização de linguagem dessa edição.

desfavorecido em tudo, menos na inteligência e na capacidade de resistir ao sofrimento. Se nunca sua história tinha sido contada, era porque, naquela época, os relatos celebravam apenas os fatos que envolviam nobres, acontecimentos da vida de pessoas de alta estirpe. Gente nascida em desvantagem não merecia consideração e, muito menos, que suas histórias virassem relato para conhecimento de outros.

Logo depois do Prólogo, o capítulo inicia-se assim: "pois saiba que sou chamado Lázaro de Tormes, filho de Tomé Gonzáles e de Antona Perez...". Na distância de pouco mais de uma página, temos alguém que se declara autor-modelo, essa voz que diz que irá contar algo que o leitor precisa saber, e, logo a seguir, surge um Lázaro que se assume como o narrador da própria história. Essa é uma peculiaridade da obra que, numa adaptação ao público jovem, merece ser mantida, não só para assegurar um dos traços de identidade do original, mas porque permite ao leitor perceber uma estratégia textual que os menos experientes não conseguem observar.

Em *Lazarilho*, um leitor jovem já pode identificar a existência de duas vozes na narrativa. Uma é a do autor-modelo, aquele que se manifesta primeiro, dizendo por que razões vai narrar. Trata-se de homem culto, intelectualmente superior ao narrador, sujeito que conhece e cita Plínio, o Velho, escritor romano que viveu entre 23 e 79 d.C., e se refere também a Cícero, escritor romano que morreu em 43 a.C. Já o narrador, a outra voz, apresenta-se como um miserável guia de cego, sem maior instrução que aquela adquirida na dureza da vida. Ora, um jovem leitor, estimulado a perceber essas distinções, apura sua competência textual e amplia o desfrute das estratégias narrativas. Uma tradução ou uma adaptação que subtraia esses elementos da estrutura da obra vai negar algo que nela é particular.

O narrador é uma entidade dissimulada e esquiva e constitui um dos elementos mais interessantes da narrativa. A percepção de seus disfarces separa o leitor ingênuo do mais maduro, de modo que se pode conhecer o estágio de leitura de alguém pela resposta que der à pergunta: e o narrador? Pode ser que não o perceba ou, então, caso frequente, que o confunda com o autor. Crianças, mergulhadas no fascínio da história, não se perguntam pelo narrador, nem o percebem. E se nós, leitores mais experientes, a despeito do pacto de suspensão de descrença, necessário para aderir à ficção, não deixamos de investigar o narrador, é porque interrogamos a obra, não só em busca de seu sentido, mas no exame do modo como foi composta.

Voltando à composição de *Lazarilho*: tanto o autor-modelo do prólogo, que promete nos contar o que de hábito não se conta, quanto o narrador em primeira pessoa, surgido na página seguinte, e que se apresenta como Lázaro, são tão fictícios quanto qualquer outra personagem da história. E o autor quem é? Quem, afinal, escreveu essa obra? Não se sabe. E não faz falta saber. A obra é anônima. Quem a escreveu ocultou o próprio nome por temor às forças repressivas da Igreja e do Estado, que dominavam a Espanha de então. A obra, no entanto, um dos mais antigos clássicos da literatura, sobreviveu e, pelo que diz e como diz, mantém-se admirável até hoje. Eis uma experiência exemplar com o mundo da ficção e suas entidades, propiciada por um livro remoto e magrinho.

Muito familiar ao público juvenil de cultura hispânica, bem menos conhecido entre nós, *Lazarilho* é considerado por Otto M. Carpeaux não só o primeiro romance picaresco, mas o primeiro romance da literatura universal que permanece legível até hoje. É um desses casos de história que, mesmo não sendo, inicialmente, escrita para jovens, encontra grande receptividade por parte do público juvenil. O narrador dirige-se ao leitor no tom coloquial e fluente de uma conversa amena. As falas se sucedem com espontaneidade. Relato ágil, explora a curiosidade sobre o que acontecerá a seguir com o protagonista. Quando o suspense gerado por uma situação se desfaz, o novelista arma logo outro.

O protagonista é um menino e a trama se desenvolve a partir do momento em que ele se vê só no mundo, submetido a um patrão impiedoso com quem inicia uma perambulação pelo país. Eis mais um protagonista que viaja, portanto. Tendo partido de uma falta radical, ele enfrenta os obstáculos mais difíceis, e acaba vencendo ao colocar em prática princípios de uma ética muito particular. Lazarilho age de acordo com seus impulsos. Lazarilho de Tormes, assim como Robinson Crusoé, de Daniel Defoe, são modelos de narradores que contam suas próprias experiências, fazendo coincidir protagonista e narrador. Na obra espanhola, mesmo em situações cruéis, o narrador imprime ao relato toques de humor e de ridículo. De modo muito próprio, e causa muito provável da adesão do público jovem, o propósito de divertir acompanha a intenção de dar a conhecer não só uma condição social, mas uma árdua circunstância humana.

O mundo do crime

> Meu pai tinha uma biblioteca muito boa, de maneira que eu comecei logo a ler. Além disso, de uma família de nove filhos, eu era o oitavo do geral e o último dos homens. Meus irmãos mais velhos, que já estavam estudando no Recife, levavam livros para o sertão da Paraíba, onde eu morava. Comecei a ler esses livros. Eram livros de aventura, romances policiais.
> (ARIANO SUASSUNA, <http://www.nordesteweb.com>)

Em país onde a falta de segurança é tema recorrente, vive-se, de um modo ou outro, situações policialescas. No melhor dos cenários, elas invadem nossa casa pela tela da TV, seja no noticiário, quando conta com a validação de fato verídico, seja na novela, quando a ficção reflete o convívio da sociedade com a violência e com circunstâncias ameaçadoras. Meios como a televisão e o cinema familiarizam os jovens com relatos policiais, mesmo que ele não seja leitor de livros do gênero, mesmo que não tenha percepção dessa familiaridade.

O cinema brasileiro atraiu a atenção do público adolescente com filmes como *Carandiru*, de Hector Babenco; *Ação entre amigos*, *O invasor* e *Os matadores*, de Beto Brant; *Cidade de Deus*, de Fernando Meirelles e Kátia Lund. Com roteiros assinados por escritores, como Fernando Bonassi e Marçal Aquino, esse último autor de livro homônimo, *O invasor*, literatura e cinema se associaram na difusão de modelos literários e cinematográficos do policial brasileiro e norte-americano.

As narrativas policiais contemporâneas tendem a valorizar o choque, o impactante e, com frequência, o repulsivo e o perverso. Banaliza-se a violência de tal modo que passamos a conviver com representações do cruel e do violento como forma de divertimento, o que se dá de modo tal que põe em causa o próprio *status* de gênero policialesco de certas histórias.

Stephen Koch, professor em oficinas literárias da Universidade de Princeton, repetia aos alunos: na frase "o gato está deitado em seu tapete", não há uma história. Mas quem escrever "o gato está deitado na casa do cachorro" começa a contar uma. A lição básica é dada em *The modern library writer's workshop* (KOCH, 2003) e privilegia a existência de personagens em situação de confronto como elemento fundamental para prender nossa atenção ao relato.

Algumas narrativas atuais, no entanto, contrariam a receita do professor. Nelas, a existência de conflito nem sempre leva ao confronto. Com frequência, o desacerto entre desejos, interesses e direitos não chega a constituir antagonismo nem gera enfrentamento, seja pela extrema desigualdade das forças, seja porque a personagem não se dispõe a embates. Sinal dos tempos: as personagens podem ser entediadas, amarguradas, violentas, ressentidas ou deslocadas. Mas raramente são desafiadoras.

Em narrativas de séculos passados, tornadas clássicas, o protagonista era um agente que desafiava instâncias sociais, morais ou políticas e tinha o destino determinado por essa ação. Arcava com as consequências. Forma a galeria das grandes personagens literárias significativo número de rebeldes com causa ou sem ela. Algumas delas, era exatamente por padecerem a ausência de uma grande causa, a que pudessem se dedicar com intensidade, que se revoltavam. Julien Sorel, em *O vermelho e o negro*, de Stendhal, é o grande exemplo. Mesmo no mundo absurdo e potencialmente catastrófico de Kafka, o protagonista K, em *O Castelo*, luta incessantemente contra a autoridade, e não lhe detém o fato de ela ser inacessível. Estas são narrativas paradigmáticas de conflito, confronto e reflexão. Põem conceitos em causa. Desarticulam sentidos e ordenam outros capazes de alimentar discussões ao longo do tempo.

O ameaçador em representações do início deste século, porém, tende a ficar reduzido à violência física, ao estranhamento. Filmes com forte base documental, como *Cidade de Deus*, de Fernando Meirelles e Kátia Lund, baseado em livro de Paulo Lins, ou *Carandiru*, de Hector Babenco, a partir de *Estação Carandiru*, de Dráuzio Varella, retratam exemplarmente a dimensão avassaladora da violência. Na literatura, a crueldade faz par com a indiferença em novelas como *Cabeça a prêmio*, de Marçal Aquino. Nelas, o indivíduo tende a ser anulado como agente. Uma força bruta, desproporcional e incontrolável acaba por esmagar ou neutralizar as personagens. A monumental disparidade entre as forças impede o confronto. Não se duvida de que há nisso reflexo de uma situação social. Mas o reflexo prevalece sobre a reflexão.

Relatos literários e cinematográficos elaboram discurso sobre formas de viver e de pensar. Há um imaginário em jogo que fala do enfraquecimento dos elos sociais e políticos, da imensa segmentação dos interesses e da inclinação a manter elos fracos e provisórios nas relações pessoais. Em lugar da intensidade, o aniquilamento e a emoção morna. Em vez de posições, conveniências. O confronto está em baixa. Nesse cenário, o mundo do crime torna-se quase indiscernível, está em todo lugar e plenamente absorvido pela indústria do entretenimento.

Talvez, uma relação de contraste ajude a perceber melhor esse estado de coisas e de caos. O clássico leitor de história policial gosta de suspense e também de testar a própria capacidade de investigação. Mas não basta um relato sobre delitos, e a disposição de alguém para desvendá-los, para assegurar o suspense de uma narrativa policial. É necessário haver certa articulação própria desse gênero na narrativa e uma relação específica do investigador com o crime, cujo efeito é permitir ao leitor sentir-se como participante de um jogo de quebra-cabeça que, ao final, irá restituir a ordem.

O gênero inicia-se com Edgar Allan Poe, autor da trilogia *Os assassinatos da rua Morgue*, *O mistério de Marie Roget* e *A carta roubada*, com a qual, em meados do século XIX, são estabelecidas as regras da narrativa policial. Auguste Dupin é o primeiro grande detetive da literatura, investigador capaz de resolver os casos mais intrincados, graças à sua extraordinária capacidade de análise e dedução. Deduz a partir de indícios materiais e também psicológicos. Com Dupin, a narrativa policial se consolida associada ao exercício intelectual rigoroso e, por artimanhas da ficção, exato.

Esse detetive resolve os crimes contando apenas com o raciocínio, não se envolve na ação. *O mistério de Marie Roget* é, nessa medida, exemplar. Para a resolução do caso, bastou-lhe a leitura da notícia no jornal. Auguste Dupin via o crime como um fenômeno a ser deslindado de forma científica, em processo de esclarecimento puramente racional e baseado em recursos técnicos. Os desafios impostos pelo delinquente ao investigador eram enfrentados com exercício de lógica e extraordinária capacidade de observação. Só com Sherlock Holmes, o investigador irá aliar raciocínio e ação. Sherlock é o detetive que lê o jornal, mas vai a campo.

A identificação do leitor com a luta cerebral entre contraventor e aquele que investiga o crime pode ser feita via voz do narrador. Mas há uma peculiaridade a esse respeito: ou o leitor se sente desafiado a raciocinar e compelido a desvendar o crime junto – ou antes – do que lhe diz a voz do narrador ou o romance, como gênero policial, fracassa.

A figura do investigador tem passado por inúmeras variações ao longo da história da narrativa policial, todas elas relacionadas com as manifestações do gênero em diferentes épocas e culturas. Se, nas narrativas policiais clássicas, o investigador entrava em disputa com a polícia, esta era uma competição em que apenas a inteligência estava em jogo, e a rivalidade existia apenas no âmbito de uma parceria. O investigador, sendo mais arguto e capaz que os agentes da polícia, prestava serviço aos sistemas policial e judiciário e colaborava com a prática preventiva e punitiva deles. Arsène Lupin, personagem de Maurice Leblanc, outro investigador clássico, mantém essa mesma característica.

O gênero policial inicia-se com Edgar Allan Poe, mas populariza-se com Arthur Conan Doyle e seu Sherlock Holmes, uma das mais conhecidas personagens literárias. De modo essencial, uma história policial clássica apresenta um enigma, o método de decifração de alguém e, finalmente, a resposta à pergunta que permeia a história: quem é o culpado? É a busca da resposta o que arrebata o leitor e cada página lida o aproxima do fim do mistério que lhe foi apresentado. Típico romance de enigma, em *Um estudo em vermelho* (DOYLE, 2006)[1] a inteligência é o elemento principal do jogo. O crime é deslindado graças à capacidade de observação e ao raciocínio dedutivo incomuns de Sherlock Holmes. O detetive, que também é um leitor, recorre a conhecimentos de química, anatomia, geologia, que possam ajudá-lo a desfazer o mistério que o desafia.

---

[1] Os comentários referentes à obra constam parcialmente de paratexto, assinado pela tradutora, que integra a referida edição.

A obra, ao relatar uma investigação criminal do mais famoso detetive da história do romance policial, estabelece as características marcantes dessa personagem-ícone do gênero. É também nela que se dá o primeiro encontro de Holmes e Watson, seres opostos em tudo que, por conveniência, passam a dividir a mesma casa, dando início a uma parceria paradigmática para os apreciadores de narrativas policiais. Mesmo fora do círculo dos aficionados do gênero, não é raro que se faça referência à dupla. A expressão "elementar, meu caro Watson" transita livremente no círculo extraliterário, onde a palavra "sherlock" tornou-se substantivo comum, sinônimo de investigador.

O inusitado par associa Watson, um médico calmo, afável, mediano e moderado, que só corre risco a contragosto, a Holmes, um sujeito instável, excêntrico, brilhante e temperamental, a quem o perigo estimula. No entanto, se formam parceria, é porque estabelecem relação complementar entre a intensidade de um e o comedimento do outro. Aliam de modo exemplar o desejo de aventura e o gosto pela segurança; a mente investigativa e o pensamento convencional.

O universo de referência da ficção de Conan Doyle é indissociável de um período da história em que a industrialização promovia a interação entre ciência, governo e modernização. Na Inglaterra do final do século XIX, a ideia de força policial estava ligada intimamente aos conceitos de lei e ordem. A violência, nos distantes tempos do reinado da Rainha Vitória, era incompatível com a esfera policial, pertencia apenas ao mundo da criminalidade. Em *Um estudo em vermelho*, obra escrita em 1887, o primeiro dos quatro romances que integram a obra narrativa de Arthur Conan Doyle, o policial mostra-se ainda em sua feição original, o que faz desse título um clássico do gênero.

Tal quadro muda radicalmente nos policiais contemporâneos. O enredo das histórias atuais já não se ocupa apenas de casos, como ocorre nas narrativas tradicionais, que sugerem ser o crime uma ocorrência fortuita, ocasional. Hoje, a tônica recai no desconforto generalizado frente à violência, à exclusão e à impunidade. O assassino não pode mais ser encontrado com base na antiga chave, constituída pela pergunta: quem, entre as personagens, tem, de fato, motivo para matar. Isso não vale mais, quando o que gera o crime é o ressentimento social e o ódio indiscriminado. O assassino, nesse quadro, pode ser qualquer um. E o matador não será fatalmente castigado pelo sistema. Pode contar com a ausência de punição e também com a indiferença do público, que perde o interesse no delito, tão logo esfrie a exaltação que o crime provoca nos primeiros dias.

As narrativas policiais de hoje, com frequência, tratam do crime e do modo como ele se abriga no silêncio e no medo, mas, principalmente, na indiferença dos que não querem ver. E, assim, ao tratar do pavor do ato criminoso, a narrativa policial, em sua forma contemporânea, embaralha os planos objetivo e subjetivo. Nas histórias de Conan Doyle, porém, o detetive ainda é parte do sistema, o que só começará a mudar em narrativas escritas a partir de 1920, quando já se insinua o clima de degradação das instituições. No entanto, mesmo em policiais publicados a partir dessa época, o investigador, de algum modo, permanece vinculado ao sistema. Sente dúvidas a respeito da prática da justiça, é verdade, e torna-se um sujeito amargo, como os detetives criados por Dashiell Hammett e Raymond Chandler. Contudo, não se dissocia das instituições de que, na maior parte do tempo, descrê. Situação esta radicalmente distinta da vivida por Sherlock Holmes, que rivaliza com o Inspetor Lestrade, detetive da Scotland Yard, mas sem romper jamais a colaboração com ele. Com talento incomparável ao do funcionário da polícia, Holmes diverte-se em dar-lhe demonstrações de argúcia e capacidade dedutiva, enquanto servem ambos à mesma causa.

Ler para a escola e ler para a vida

> "Que livro você levaria para uma ilha deserta?" é uma das perguntas fundamentais da sociedade de massas. Sem dúvida ela tem *Robinson Crusoé* como ponto de partida e supõe que para sair da multiplicidade ou da proliferação do mercado é preciso estar numa ilha deserta. A pergunta é precavida e inclui várias outras: "Que livro você leria se não pudesse fazer outra coisa?". E ainda: "Que livro você imagina que seria de *utilidade* pessoal para você, caso tivesse que sobreviver em situações extremas?". É evidente que existe uma teoria da leitura implícita na pergunta.
>
> (RICARDO PIGLIA, *O último leitor*)

Basta uma consulta rápida às listas de livros indicados pelos meios e programas de acesso a nossas universidades, para que se constate a disparidade entre elas. Não é fácil descobrir quais critérios determinaram a indicação daqueles títulos e não de outros. O fato de obras e autores de perfis distintos integrarem listas de diferentes universidades é, além de previsível, desejável, mas a indagação sobre os critérios para a montagem da lista de obras não encontra resposta simples. A questão não diz respeito só ao vestibular, essa modalidade posta em discussão. É mais vasta, envolve o próprio espaço da crítica literária hoje, o que não impede a localização de alguns pontos problemáticos nas escolhas de títulos de leitura obrigatória para os jovens e no modo como essa determinação é tratada.

A seleção de títulos indicados como de leitura obrigatória para acesso ao ensino superior pode surpreender profissionais do ambiente acadêmico, candidatos ao ingresso no mundo universitário e as famílias, que acabam envolvidas no processo e agitadas por todas as emoções que cercam um rito de passagem. Chega, às vezes, a espantar até mesmo autores contemplados com a indicação de seus livros, sem que consigam entender a razão da seleção. Numa palestra no Conjunto Nacional, em Brasília, que integrou a série "Conjunto em prosa", em agosto de 2007, Sérgio Sant'Anna declarou à plateia ter ficado pasmo diante da indicação de seu livro O *monstro* para vestibulares de várias instituições de ensino superior do interior do país. Disse não compreender como a expressão e a temática dos três contos que compõem o título podiam ser consideradas leitura indicada a jovens estudantes.

Surge aqui uma questão: o perfil do público que lerá as obras indicadas é levado em conta, como fator decisivo de recepção, ou este é um aspecto desconsiderado, cabendo aos estudantes – em teoria, e só em teoria – alçarem-se à altura das obras, e não serem estas adequadas a eles? As listas parecem responder que o universo de referência existencial e intelectual dos jovens não é relevante. Se eles ainda não têm formada a competência de leitura para os livros, que a adquiram – e esse objetivo poderia ser uma razão para existirem as listas. Que leiam, recorram aos resumos, aos comentários ou a alguma outra forma de apresentação que, mesmo precária, possa, de certa forma, transmitir alguma informação sobre os títulos e autores.

Nesse caso, gravar algumas informações sobre as obras será sempre mais importante e factível do que a efetiva leitura delas. Para isso, encontram-se à venda, "numa boa livraria perto de você", compilações de referências didáticas sobre os livros indicados. Elas cumprem papel absolutamente marginal à leitura e ao conhecimento das obras, mas, para efeito de provas de acesso, podem ser muito funcional, permitindo ao candidato simular ter lido as obras e, aos integrantes do sistema de educação, fingir que acreditam.

Convém esclarecer. Não creio que se deva dizer ao aluno "leia religiosamente a obra indicada", mas, sim, recomendar: "evite ler burocraticamente a obra indicada". Leitura burocrática é aquela que se faz apenas como meio, para atingir um fim alheio a ela. Cumpre a imposição de um sistema administrativo, de maneira passiva e distanciada, sem o envolvimento mínimo que permite dizer do livro se a gente gosta dele, ou não, se algo no texto atraiu a atenção ou se o livro não nos disse nada. Alguém dirá: "mas se os alunos têm mesmo que conhecer as obras para ingressar na universidade, o que se pode fazer?".

Pode-se, num primeiro momento, conversar, do modo mais espontâneo e honesto possível, sobre o livro indicado. E fazer isso lembrando que a pergunta que fundamentalmente importa não é o que o autor quer dizer com o texto, mas o que o leitor sentiu ao ler, porque essa é a condição básica para qualquer entendimento posterior. Professores e alunos, num primeiro tempo, devem esquecer a seleção, a indicação, a pressão, e trocar impressões de leitura, do mesmo modo como se fala de qualquer forma de expressão cultural, seja um filme, uma peça, um *show*.

Esse momento é essencial na relação com o texto que, em etapa seguinte, poderá ser formalizada para servir aos objetivos pragmáticos da seleção. Mas, antes que as informações sejam sistematizadas, de modo a serem úteis numa prova, que se abra espaço para a simples partilha de comentários e opiniões a respeito do que foi lido. Até mesmo o desabafo do aluno que diz "mas como esse livro é chato!" é mais significativo e estimulante para a apreciação da obra do que a frieza da rotina que transforma a leitura em mero trabalho a ser avaliado.

Se o aluno puder manifestar o quanto foi penoso – ou sem sentido, ou surpreendente, ou fabuloso – seu encontro com a obra, por mais superficial que tenha sido sua leitura, uma promissora discussão sobre o texto poderá ser iniciada. Lembre que explicar ao outro por que não gostamos de um livro, por que ele nos aborrece ou por que nos encanta tanto, não é tarefa simples. Ao contrário, requer uma elaboração complexa e abre caminho para muitas questões e reflexões.

Há outro aspecto. É preciso que a gente se pergunte o que é mesmo que se pretende com a indicação desses livros. Que o aluno comprove ter desenvolvido determinada competência textual que o habilita a ler livros com certo grau de complexidade? Ou não se trata de comprovar uma habilidade, mas, sim, o conhecimento de determinadas obras, consideradas de algum modo essenciais para quem pretende a educação superior?

Se o propósito for apenas testar a capacidade de leitura do estudante, o repertório de obras que podem ocupar lugar na lista é imenso, no rigor do termo, ou seja, tão grande que não se pode medir.

Nesse caso, selecionar uma obra em lugar de outra não abre margem para muita discussão. Adere a essa primeira alternativa, provavelmente, quem entende que o espaço da leitura é aquele da cultura formada pelo conjunto de textos de diversa natureza que atuam como mediação na nossa interação com o real.

Se o objetivo, no entanto, for atingir a segunda alternativa – indicar obras capitais –, a questão apresenta dificuldades maiores, nestes tempos em que os parâmetros de julgamento da qualidade literária estão abalados, e obras consagradas como essenciais, ao longo dos anos, não escapam à suspeição, por uns e outros, de agirem como veículo de determinados poderes. O que não impede algumas universidades de optar pela indicação de um conjunto de obras, a que atribuem valor fundamental, e compor, assim, reunião de textos a que se atribui caráter representativo de nossa cultura, razão por que cabe preservá-los e transmiti-los. Mesmo que não vá mudar a ordem das coisas, um professor deve refletir sobre o sentido do que faz para se posicionar melhor a respeito.

As listas dos maiores programas de acesso à universidade do país preveem, como de leitura obrigatória, para um aluno que pretenda iniciar estudos superiores, algumas obras significativas da literatura e da história brasileira. Não há consenso, o que é muito bom. As críticas que essas listas provocam são saudáveis. No mínimo, elas colocam a valoração literária em pauta, coisa que não ocorre com frequência. Entretanto, a obscuridade dos critérios não é casual. Ela se dá dentro de um marco histórico das ideias. Como disse Sarlo (2004, p. 145), "quando a democracia irrompe na esfera da arte também é imposto o pluralismo como princípio de regulamentação das diferentes posições. Esse pluralismo assegura uma equivalência universal". Quer dizer, é como se os escritores e estilos todos fossem mais ou menos equivalentes e tivessem a mesma pouca importância.

Os critérios difusos que orientam a formação dessas listas é consequência direta do fato de a crítica literária, hoje, ser menos assertiva em seus julgamentos e não contar mais com a certeza de seus princípios. A Grande Autoridade morreu e não foi muito chorada. O público acadêmico, hoje, forma seu julgamento no conjunto das múltiplas e velozes informações e motivações que recebe de todos os meios.

Não se pode apreciar o cipoal das escolhas literárias sem levar em conta a profunda alteração na cultura ocorrida nos últimos anos do século passado. Ela levou à diminuição do poder simbólico das instituições e à perda do valor absoluto que lhe atribuíam. É a partir desse fenômeno que, acredito, devemos considerar as listas. Elas são muito divergentes como consequência de serem muitas as vozes, na diversidade dos meios de propagação, a difundir e a avaliar de modo próprio os produtos culturais.

Quem tem coragem, hoje, de propor a supremacia de uma cultura, de um estilo ou de uma tendência de arte? Culturas, tendências, estilos coexistem, competem ou reforçam-se nos diferentes canais de comunicação. Além disso, a divulgação pela mídia eletrônica e o vínculo com o mundo do entretenimento constituem apelos a que nem as escolhas universitárias ficam imunes. A popularização do escritor, sua presença na tela ou nos circuitos de palestras, quando estabelece relação direta com o público, desempenhando, ao mesmo tempo, função de ator e comunicador, é também capaz de alterar o padrão de consumo intelectual, de modo tão ou mais eficaz do que consegue a crítica especializada e, assim, interferir na composição de algumas listas.

Um mapeamento das indicações de livros dos diferentes programas das mais diversas instituições de ensino superior só confirma que o relativismo é o único princípio de escolha que admitimos hoje. Discutir erros e acertos de uma determinada lista é atitude que certamente será acusada de atentar contra o pluralismo cultural. A ameaça não deve nos impedir, no entanto, de problematizar as escolhas ou, o que considero da maior importância, relativizá-las, porque há professores que reduzem o projeto de leitura de seus alunos do ensino médio aos livros que possam atender às listas. Em muitas escolas, se um título não estiver prescrito como remédio para as dores do candidato a universitário, não importa o quanto seja instigante, não será lido. Nada de promover aventuras com o sentido, enfatizar diferenças, desestabilizar pontos de vista, estimular o conflito das interpretações, propiciar o diálogo do literário com outras formas de discurso. O que importa é preparar para a Grande Prova.

A medida é pragmática, mas pobre e restritiva. Se os alunos, até então, vivenciaram, com maior ou menor espontaneidade, algumas leituras, agora abandonam todo e qualquer livro fora da lista e se transformam em ledores funcionais. Nessa circunstância, eu me pergunto se haverá clima para que, ao ler, sintam o impacto que algumas obras clássicas, presentes nessas listas, costumam causar em leitores menos comprometidos com uma finalidade prática. A leitura obrigatória, tristemente burocrática, feita sob pressão, compromete o desfrute de algumas de nossas melhores obras.

> Leio, principalmente os primeiros livros que descobri quando era estudante, as obras primas de ficção que continuam tendo um impacto sobre mim tão grande quanto no tempo em que as li pela primeira vez, e em alguns casos maior ainda. Ultimamente estou relendo Joseph Conrad, pela primeira vez em cinquenta anos, sendo que o último que li foi A linha de sombra, que eu havia levado comigo para Nova York para folhear mais um pouco, tendo-o devorado de uma só vez numa noite dessas.
>
> (PHILIP ROTH, *Fantasma sai de cena*)

Os livros inesquecíveis, aqueles que nos causaram impacto na juventude, e ainda nos reservam prazer e surpresas ao serem relidos muitos anos depois, fizeram parte de nossa formação de conceitos, ordenaram certas vivências, mas, sobretudo, nos fascinaram. Salvaguardar o espaço para que os estudantes vivam essa fascinação deveria fazer parte dos cuidados de um professor do ensino médio. No fragmento anterior, extraído da ficção de Philip Roth, chama atenção a referência do narrador a *Linha de sombra*, uma das mais brilhantes obras de Joseph Conrad, marcante na vida de certo leitor jovem que, ao relê-la na velhice, descobre que a história permanece envolvente, ao ponto de ser devorada em uma só noite.

Um jovem capitão do mar, com pouca experiência em navegação, enfrenta duas crises: a tripulação doente e a falta de vento para navegar. Além da calmaria e da doença tropical, o capitão, no limite entre a juventude e a maturidade, precisa enfrentar a insegurança de um primeiro comando naval. Tudo lhe parece desconhecido e ameaçador, mas ele precisa ir em frente, levando o navio de Bangcoc a Singapura. Qualquer correlação com os desafios de uma mudança de idade não será mera coincidência. Por isso, o texto, que fascinou o adolescente em sua insegura passagem para a vida adulta, irá também encantar, no livro de Philip Roth, um homem que passou da vida adulta para a velhice, com todos os fantasmas que a assombram.

Leitores jovens geralmente gostam, como o leitor do exemplo anterior, de histórias do mar. Talvez porque o alto-mar sugira o indomável, o infinito, e nele não é raro que um homem se veja exposto a situações-limite. Nessa hora, precisará medir-se. Distante de tudo, em zona de ninguém, tem de se responder quem é. No alto-mar, as leis dos povos, as normas da civilização ficam em estado de suspensão, como ilustra com ênfase a obra de Conrad.

Joseph Conrad, polonês que veio a ser um dos maiores escritores em língua inglesa, passou 20 anos navegando e outros 30 escrevendo. Com ele, a ficção marítima ganhou nova dimensão, deixou de ser mera história de aventuras. No enquadramento da vida marítima, Conrad examina o dilema moral e o drama da existência. A experiência naval desse capitão de longo curso serviu de base para a construção de seu mundo heroico: o dos nobres comandantes *versus* a mesquinharia do espírito de lucro. Os capitães de Conrad têm desejo de grandeza e, como observa Antonio Candido, em *Tese e antítese* (1978, p. 79-86), malogram justamente por desconhecer que "a circunstância impura, imperfeita, é o dado que a realidade oferece e que nos compete a cada momento enfrentar". Eis uma representação do mundo que afasta o jovem da inocência, ao propor o entendimento de que a falta está presente em tudo.

A esse respeito, *Lord Jim* é exemplar. A personagem-título era imediato de um velho vapor. No meio da noite, ouve-se um baque surdo. Diante do risco de afundamento, o comandante e os maquinistas abandonam os peregrinos que transportavam e tentam escapar num bote. A roldana não funciona. Mas alguns conseguem arriar um barco e chamam para ele os que não conseguiram descer. Num rompante, Jim salta a amurada e cai no barco, que logo se afasta. Todos dão o naufrágio como certo.

Depois de algum tempo, Jim descobre que o navio não tinha afundado. Fora rebocado e salvo. É com essa desonra que terá de conviver pela vida afora. Como se vê, em Conrad o desafio não é da ordem física, mas moral e existencial. A personagem precisará enfrentar o fato de, não sendo um covarde, ter, de modo impensado, abandonado o posto e o dever. Nessa ficção, o inexplicável, portanto, não está mais fora do homem, não se oculta na figura de uma baleia, como em *Moby Dick*, de Herman Melville, ou em qualquer outro agressor. O que precisa ser decifrado se esconde dentro de nós.

O acidente mostra que mesmo um homem que pensa se conhecer pode descobrir dentro de si aspectos insuspeitos e pouco nobres. Mas aqui estamos bem longe das personagens definidas, por oposição, como manifestações da bondade ou da maldade. É exatamente do que há de indeterminado na identidade que trata a obra de Conrad. De qualquer modo, as histórias marítimas do século XIX, ao confrontar o homem com forças obscuras que existem dentro ou fora dele, põem em causa as noções de honra e de grandeza, fazem pensar na variedade de circunstâncias a que podemos ficar expostos e nas diversas respostas que sequer imaginamos podemos dar a elas.

A ilha de Nantucket, ao sul da Nova Inglaterra, nos Estados Unidos, foi a capital mundial da caça à baleia, na época em que o óleo animal ocupava na economia o lugar que mais tarde seria do petróleo. Foi de lá que partiu, em 1820, o baleeiro Essex, com capacidade para 238 toneladas. Abalroado por um cachalote enfurecido, o navio naufragou. Os sobreviventes vagaram pelo Pacífico durante três meses até serem resgatados. O naufrágio do Essex teve muita repercussão no imaginário do século XIX e foi essa história real que inspirou o clássico romance *Moby Dick*.

A partir de 1830, foram publicados diversos relatos sobre o afundamento do Essex. Uma das versões fazia parte de livro infantil usado nas escolas americanas, o que leva Nathaniel Philbrick[1] a dizer que era difícil, então, crescer nos Estados Unidos sem saber alguma coisa sobre aquele naufrágio. O poeta e ensaísta Ralph Waldo Emerson, em 1834, conversou com um marinheiro resgatado sobre a baleia branca que atingiu o Essex e anotou o que ouviu em seu diário. Edgar Allan Poe serviu-se dos aspectos mais terríveis do desastre em seu *Relato de Arthur Gordon Pyn*. Mas foi Herman Melville, um dos maiores escritores norte-americanos, quem, a partir das histórias sobre o Essex, compôs sua obra-prima publicada em 1851. Melville era também um homem

---

[1] Ver, sobre o tema e autores que o refletem em suas obras, PHILBRICK (2000).

do mar e viveu o apogeu da febre baleeira. Participou ativamente dessa caça nos pequenos botes usados para arpoar a baleia à mão. E foi no mar que ele conheceu o filho do imediato do Essex e pôde interrogá-lo minuciosamente sobre as experiências do pai.

No romance *Moby Dick*, o naufrágio constitui o clímax, momento em que se dá o confronto do capitão com a baleia. No desastre real, o ataque do cachalote foi apenas o início das provas terríveis por que passaram os tripulantes. No depoimento escrito, o comandante do Essex se declara convencido do que chamou de perversidade consciente e calculada da baleia. Seu relato registra como inexplicável que um animal, conhecido por seu caráter inofensivo, tenha saído do grupo de baleias em que os homens haviam penetrado para abatê-las, como que inflamado por sentimento de vingança. É exatamente a crença de que havia na baleia uma maldade inescrutável o que impele o sombrio Ahab, personagem de *Moby Dick*, a perseguir com obsessão o animal.

Se o naufrágio de Essex marcou aquele século, no seguinte, o desastre do Titanic, ocorrido em 1912, foi contado repetidas vezes por narrativas cinematográficas e televisivas. Hoje, já não se atribui intenção às forças do Universo, mas fascina ainda a intensidade delas. Irrefreável, misterioso, com sugestões de absoluto, o mar sempre atiçou nosso imaginário. E um naufrágio é alegoria das circunstâncias incontroláveis, dos apavorantes estados descontínuos que desafiam o homem e o convocam a um ato de que emergirá como herói ou como vencido. Assim se dá nesses romances animados pela dramaticidade das histórias marítimas.

Se um jovem, porém, preferir histórias literárias contemporâneas, vai perceber que nelas o conceito de herói está bastante abalado, porque ele é indissociável da perspectiva triunfalista com que uma tradição cultural antiga via o protagonista de uma história. Algumas épocas são mais propícias que outras à criação de heróis. Na Antiguidade Clássica, por exemplo, o herói, dotado de extraordinária coragem física e moral, era capaz de façanhas sobre-humanas, como as vividas por Odisseu, personagem de Homero. No Renascimento, a personagem heroica passou a afirmar, em sua trajetória, a capacidade do homem na luta contra os elementos e as disposições divinas. No período romântico, o confronto se deu com outro oponente: era preciso enfrentar as convenções e as restrições que a sociedade impunha para viver o próprio desejo.

Como a tendência atual é menos a absorção dos mitos do que a demolição deles, a figura do herói, que vinha se transformando desde o século XIX, chegou à dissolução. Parece que já formamos certa sabedoria existencial que nos permite prescindir de heróis. Em lugar deles, as páginas da literatura contemporânea são frequentadas por personagens vulneráveis aos fatos e às experiências por que passam. Atravessam a vida com perplexidade e angústia. Algo inquietante as desafia, mas não conseguem saber bem o que é. Não são mais ameaçadas por ciclopes nem por raios de Zeus, mas pelo gume cortante da dúvida, pela convivência difícil com as interrogações.

A personagem contemporânea – faltosa, ambígua, medíocre – enfrenta sem grandes vitórias o tumulto da experiência humana. No entanto, ao acompanhar seu périplo confuso, vemos diminuída nossa estupidez e podemos, quem sabe, esclarecer algum insuspeito ângulo da nossa existência. Na literatura brasileira de hoje não é diferente. As personagens tangenciam o vazio, a ausência de sentido. As histórias não apresentam um desfecho redentor, não redimem a falta, não solucionam o problema. A tensão oscila – ora é menor, ora mais intensa – mas não se dissolve. Não há heróis, não há final feliz.

O anti-herói explora com insegurança os prosaicos caminhos de todos os dias e nessa andança vai decompondo suas verdades provisórias e relativas. Quem deseja um mundo em que o bem e o mal, o falso e o verdadeiro tenham recortes precisos foge dele. Talvez, esse leitor encontre abrigo nos relatos em que a verdade já vem pronta e embalada de modo a confortar quem lê. Grandes sucessos de venda são constituídos pela literatura de entretenimento, que não faz mal algum, pode até estimular outros tipos de leitura ou, em visão menos otimista, cumprir a função, que lhes é atribuída pelo escritor César Aira, de literatura destinada a quem não lê literatura nem quer.

As personagens da melhor literatura contemporânea, porém, habitam um mundo em que o significado e a perspectiva ainda dependem de uma construção, e é essa condição existencial delas que faz com que sejam tão significativas para nós. Seus movimentos e inquietações não são muito distintos dos nossos e deixam sempre a impressão de que há algo que nunca poderiam significar, pois escapa à poeira mais fina deixada pelas palavras.

Leitor: ser ou não ser

> Ao acaso, escolhi um dos livros de capa azul-turqueza, e dei de cara com um título enigmático e atraente: *Histórias da meia-noite*.
> Não menos misterioso e sedutor foi o primeiro conto que li do grande escritor: "A parasita azul". Gostei do enredo, pois aos 13 anos de idade eu não podia entender as filigranas do jogo social e simbólico, movido pela terrível ironia machadiana. Li a narrativa como um leitor ingênuo, percebendo apenas a superfície da história, sem captar outras mensagens e alusões. Mas para um jovem, até mesmo a leitura superficial é importante [...]
> E quando isso agrada, a leitura flui e o leitor se interessa por outros livros do autor.
> (MILTON HATOUM, *"A parasita azul" e um professor cassado*)

Quando li a passagem acima, na coluna *Norte* (Hatoum, 2005), salpiquei à margem e no topo da matéria vários pontos de exclamação. Leio com olhos e caneta, para não perder na sucessão das folhas as palavras que quero guardar e rever. Então, Milton Hatoum leu Machado aos 13 anos... Mas qual Machado? O contista. Conheceu, primeiro, as narrativas curtas do nosso grande clássico e, lendo como se pode ler nessa idade, gostou do enredo. É bem provável que, tivesse ele começado por outro livro do autor, como algum dos romances machadianos mais festejados, a reação tivesse sido outra, e outra teria sido sua história de leitor.

Os contos – assim como as crônicas – ainda são pouco valorizados como experiência de leitura juvenil e, no entanto, oferecem oportunidade rica de apresentação de autores, sejam eles criadores de obra já clássica, sejam de expressão moderna ou contemporânea, contanto que autores de páginas que garantem leitura atraente e provocante. Por via do conto, um jovem pode conhecer Machado de Assis e também Lima Barreto, Aníbal Machado, Clarice Lispector, Guimarães Rosa,

Lygia Fagundes Teles, Autran Dourado, Antonio Carlos Viana, Ronaldo Costa Fernandes, o próprio Milton Hatoum e tantos outros.

Com 13 anos e *Histórias da meia-noite* às mãos, capturado pela engenhosidade narrativa de Machado, Milton perseguia o desenvolvimento da intriga e era só isso o que interessava. Teve a sorte de não ser arguido com questões sobre as "filigranas do jogo social e simbólico", de não ser avaliado pelas respostas dadas a elas. Mas, com certeza, teria gostado de comentar em sala de aula sua leitura de "A parasita azul". Por isso, além dos pontos de exclamação, interferi graficamente no depoimento do nosso ficcionista, sublinhando as palavras seguintes: "Para um jovem, até mesmo a leitura superficial é importante".

Na mesma coluna da revista *Entrelivros*, Hatoum narra a flagelação que foi, depois de ter devorado as páginas do conto de Machado, encarar a leitura obrigatória de Coelho Neto e José Américo de Almeida, com todo aquele rebuscamento de linguagem e contorcidos da frase. E conclui: uma imposição como esta pode significar um rompimento radical com o prazer da leitura. Hoje, são menores as possibilidades de um leitor jovem passar por esse sofrimento. Porém, se é pequeno o risco de que venha a enfrentar o excesso de ornamentos de uma linguagem pretensiosa, não está livre de se ver às voltas com o tédio provocado pela leitura de textos raquíticos, em estilo e em ideias, que por aí circulam como se fossem literatura juvenil.

Milton menino escolheu o livro ao acaso, mas também intrigado pelo título. Pôde fazê-lo em casa, graças a uma mãe que valorizava a leitura e, talvez, soubesse o que só às mães é dado saber. Mas nem todos os jovenzinhos têm em casa livros para escolher, nem acesso a uma biblioteca que possa estimulá-los, nem recebem das mãos de um parente ou amigo um livro que será marcante na vida deles. O acaso não surge como aliado para todos. Para a maioria, o único lugar onde o encontro com o livro pode acontecer é a escola, e pela intermediação do professor.

Convém esclarecer. Não estou dizendo que todo jovem pode ser transformado em leitor por obra e graça de um professor. Não somos tão poderosos assim. Capacitar os estudantes à leitura, desenvolvendo suas competências linguística e textual é uma coisa. Transformar alunos em leitores de literatura é outra. A capacitação dos alunos à leitura é um dos objetivos principais do ensino fundamental, habilidade que deve ser aprimorada no ensino médio. Iniciativas, incentivos e programas de leitura que propiciam tal capacitação são de importância vital na educação. Esforços nesse sentido são crescentes no país, impulsionados por razões culturais, sociais e políticas. Mas a formação de leitores literários extravasa o âmbito do trabalho de massa. Envolve particularidades de uma sintonia mais fina, além da disposição para aventuras subjetivas, que não existe em qualquer professor nem em qualquer aluno.

Há professores que, gostando de ler e valorizando sobremodo a literatura, imbuídos de espírito de missão, acreditam poder converter a todos em leitores literários. Na boa intenção, esquecem o que dizem inúmeras estatísticas, recorrentes depoimentos e a mera observação. Nem todo mundo tem gosto, sensibilidade, interesse para ser leitor de livros literários. Há quem goste de ler livros informativos, livros técnicos ou *best-sellers*, mas não se interessa por literatura. E há também quem nunca vai ler coisa alguma, simplesmente porque não gosta. A esse respeito, César Aira (2007, p. 82), dos mais importantes escritores latino-americanos da atualidade, escreveu algo que merece detida reflexão:

> O *best-seller* é a idéia, frutificada em países da área anglofalante, de se montar um entretenimento massivo que tenha a literatura como "suporte". É algo assim como literatura destinada à gente que não lê literatura, nem quer (e a quem, é bom lembrar, não se tem de reprovar nada: seria como reprovar a abstenção de quem não pratica caça submarina; além disso, entre aqueles que não se interessam por literatura, conta-se noventa e nove por cento dos grandes homens da humanidade: heróis, santos, descobridores, estadistas, cientistas, artistas; a literatura é de fato uma atividade *muito* minoritária, mesmo que não pareça).

Não por acaso, o escritor usa similitude entre a leitura e o esporte que requer mergulho em águas profundas, praticado por muito poucos. Nossa turma é pequena. E não há evangelização que faça isso mudar. Ninguém, absolutamente ninguém, me convenceria a fazer caça submarina, por mais de uma razão. E o mais entusiasta caçador submarino só vai convencer a quem já tenha os atributos para tal, e esteja apenas à espera da oportunidade para mergulhar empunhando um arpão. Tal como aconteceu com Ruffato, quando foi – e seguem as imagens marítimas – "pescado" pela bibliotecária, conforme narrou. Ele já tinha as características próprias de um leitor, apenas não havia se descoberto como tal. Precisou de alguém que o encaminhasse ao que passaria a fazer o maior sentido na vida dele.

Quando falo em leitor, não falo daquele que eventualmente lê, mas sim daquele que não pode viver sem ler. Que perfil é o dessa pessoa? Não sei, nunca encontrei para isso resposta satisfatória. Arrisco dizer, apenas, passando em revista os leitores que me cercam desde sempre, que se trata de gente com indisfarçável inquietude intelectual e certa dose de desajuste, do tipo que acha o real insuficiente. Há quem diga que leitores são introspectivos. Talvez, mas conheço alguns que são notavelmente comunicativos e sociáveis. Outros dizem que leitor é gente esquisita. O jovem escritor João Paulo Cuenca (2008), da chamada geração brasileira 00, porque estreou na literatura em 2000, dá um depoimento sobre a leitura e sua influência em seu modo de ser:

> Comecei a ler muito cedo [...] livros de aventura, Júlio Verne, Stevenson, Monteiro Lobato e muita história em quadrinhos. E, pouco depois, Alan Poe, Conan Doyle, Simenon, Agatha Christie... E Machado, Graciliano, Pessoa... Depois li Dostoievski e nunca mais fui um moleque normal.

Publicar crítica literária em jornal me pôs em contato com um público de leitores bem mais amplo e diferenciado que aquele das publicações acadêmicas especializadas. A experiência me levou a rever algumas suposições sobre o perfil de quem se importa com literatura. No ambiente dos profissionais de letras, com muita frequência, imaginamos que o público leitor de literatura se reduz a nós mesmos e a alguns outros estudiosos da área humanística. A verdade é que somos poucos, mas o corte não se dá por área profissional. Pessoas de profissões e formações as mais variadas são leitores apaixonados de literatura. Apenas o prazer que dela extraem não tem nada a ver com o trabalho que exercem. Em contrapartida, às vezes, descobrimos em profissionais da área de livros e letras um apetite literário bem menor do que o esperado.

Se um viajante numa noite de inverno, romance audacioso de Italo Calvino, tem como personagem principal o leitor de romances. Logo, quem lê essa obra do notável escritor italiano pode ver o próprio perfil delineado a partir das primeiras páginas. É o perfil de alguém que, embora descrente já de muitas coisas, concede a si mesmo o prazer da expectativa no âmbito restrito dos livros. Neles, o risco de desilusão também existe, mas não é grave.

Trata-se, portanto, de um livro de ficção sobre o prazer da leitura. Investiga o que nela atrai, fascina e faz com que certo tipo de pessoa seja um leitor. Como um espelho, a obra reflete quem lê. Nas principais personagens, configuram-se dois tipos de leitores. Um é do gênero ocasional e eclético: aquele sujeito que lê, uma vez ou outra, livros de diferentes tipos, apanhados ao acaso. O segundo tipo personifica o leitor por vocação, aquele para quem a leitura é um estilo de vida.

Mas existe um terceiro tipo de leitor a quem o narrador satiriza de modo impiedoso. É aquele que não lê por prazer, porque a literatura, de fato, pouco lhe interessa. O que ele busca nos livros é, apenas, matéria para debate, algo que possa render, quem sabe, uma monografia, uma dissertação, é possível que até dê uma tese ou, pelo menos, que sirva para sustentar uma *performance* em uma mesa-redonda. Quando fala desse tipo de leitor, o humor de Calvino se torna sarcástico para retratar o que existe de caricatural no ambiente acadêmico e a relação esquizofrênica que, muitas vezes, nele se mantém com o livro.

Não se entenda que o segundo tipo de leitor, por ser leitor por vocação, prescinde de qualquer intermediação para se aproximar do universo dos livros. Unindo as pontas desta reflexão dedicada ao leitor juvenil, encerro com uma citação do mesmo autor que pautou aspectos do que se tratou aqui. Vale pensar um pouco mais no que conta Luiz Ruffato sobre seu desempenho de leitura, após ter devorado o livro que a bibliotecária lhe indicou. Atente também para o estado de ânimo que o move e que parece confirmar ser a inquietude um traço essencial do sujeito leitor. Em certa medida, a passagem equaciona a alternativa levantada no título deste capítulo, convite ao leitor para que respondesse a si próprio se o papel da literatura juvenil é oferecer refúgio na fantasia ou marcar o fim da inocência.

> Passei a freqüentar com assiduidade a biblioteca. Li todos os 18 volumes do *Tesouro da Juventude* e devorei a esmo romances brasileiros e estrangeiros, afundando-me, cada vez mais, na areia movediça da inquietação. (RUFFATO, 2008, p. 319)

Referências

AIRA, César. Best-seller e literatura. In: *Pequeno manual de procedimentos*. Tradução de Eduardo Marquardt. Organização de Marco Maschio Chaga. Curitiba: Arte e Letra, 2007.

AQUINO, Marçal. *O invasor*. São Paulo: Geração Editorial, 2002.

BENEDETTI, Mario. *Puentes como liebres y otros cuentos*. Buenos Aires: Alfaguara, 2005.

BIANCULLI, C. H. Realidad y propuestas para continencia de la transición adolescente en nuestro médio. *Adolescencia LatinoAmericana*, Buenos Aires: CENESPA/EDISA, v. 1, p. 31-39, 1997.

CALABRESE, Omar. Ritmo e repetição. In: *A idade neobarroca*. Lisboa: Edições 70, 1987.

CALLIGARIS, Contardo. *Quinta coluna*. São Paulo: Publifolha, 2008.

CALVINO, Italo. *Por que ler os clássicos*. Tradução de Nilson Moulin. São Paulo: Companhia das Letras, 1993,

CALVINO, Italo. *Se um viajante numa noite de inverno*. Tradução de Nilson Moulin. São Paulo: Companhia das Letras, 1999.

CANDIDO, Antonio. *Tese e antítese: ensaios*. São Paulo: Nacional, 1978.

CUENCA, João Paulo. Entrevista. *Revista Moviola*, 2 jun. 2008. Disponível em: <http://www.revistamoviola.com/2008/06/02/joao-paulo-cuenca/>. [Acesso em: 30 abr. 2009].

DOYLE, Arthur Conan. *Um estudo em vermelho*. Tradução de Ligia Cademartori. São Paulo: FTD, 2006.

KOCH, Stephen. *The modern library writer's workshop*. New York: Random House, 2003.

KUNDERA, Milan. *A cortina: ensaio em sete partes*. Tradução de Teresa Bulhões Carvalho da Fonseca. São Paulo: Companhia das Letras, 2006.

HATOUM, Milton. "A parasita azul" e um professor cassado. *Entrelivros*, São Paulo, n. 1, p. 26-27, maio 2005.

LAZARILHO. Tradução e adaptação de Ligia Cademartori. São Paulo: FTD, 2006.

PHILBRICK, Nathaniel. *No coração do mar*. Tradução de Rubens Figueiredo. São Paulo: Companhia das Letras, 2000.

ROTH, Philip. *Fantasma sai de cena*. Tradução de Paulo Henriques Britto. São Paulo: Companhia das Letras, 2008.

RUFFATO, Luiz. Até aqui, tudo bem! (Como e por que sou romancista – versão século 21). In: MARGATO, Izabel; GOMES, Renato Cordeiro (Orgs.). *Espécies de espaço: territorialidades, literatura, mídia*. Belo Horizonte: Editora UFMG, 2008.

SARLO, Beatriz. A escola em crise. In: *Tempo Presente: notas sobre a mudança de uma cultura*. Tradução de Luis Carlos Cabral. Rio de Janeiro: José Olympio, 2005.

SARLO, Beatriz. O lugar da arte. In: *Cenas da vida pós-moderna: intelectuais, arte e videocultura na Argentina*. Rio de Janeiro: Editora UFRJ, 2004.

SONTAG, Susan. *Ao mesmo tempo: ensaios e discursos*. Tradução de Rubens Figueiredo. Organização Paolo Dolonardo e Anne Jump. São Paulo: Companhia das Letras, 2008.

AVENTURAS POÉTICAS
Imagens, sons e sentidos

O menino e o poeta

> Cavalete armado em frente à classe. Sobre ele colocavam-se cartazes com cenas coloridas, geralmente, rurais: casa de campo (não chegava a ser uma fazenda) gramados, montanhas no horizonte, céu azul, o pai, a mãe, crianças alegres, eternas, sem dor de dente e cólica. Todos brancos, americanos. E os animais: cachorro, cavalo, vacas, um boi, dois ou três empregados, a uma certa distância (não dava para ver o rosto deles) – pretos. O que se tinha que fazer era uma composição, de 20 linhas (ou 30?) em uma hora, na folha de papel almaço, com cabeçalho e margem.
> Gostava de escrever apoiado nessas imagens, histórias esquemáticas. Às vezes, conseguia mais de uma; a segunda, contrariava, simetricamente, à primeira. O pai estava chegando, o pai estava partindo. A mãe estava cansada, a mãe estava disposta. As crianças, meio louras, não eram irmãs, eram primos, ou, então, ousadamente, amigos. Só os empregados se mantinham idênticos, com as mesmas intenções obscuras, que não sabia descrever. Só sabia que, embora parados, suavam. Mas me calava sobre isso. Os pais, as crianças, em movimento, não pareciam suar. Aliás, nem pensavam nisto. Os bichos, como os empregados ou criados, estavam fixos no campo, para sempre. Mereciam, no máximo, uma linha, em dia de inspiração. Comecei a escrever, assim, por volta de 1948, meados do século passado, no Rio de Janeiro, à beira-mar, com lápis nº 3.
> (ARMANDO FREITAS FILHO, *Correspondência de 8 XI 2008*)

Por *e-mail*, recebo o precioso depoimento sobre a cena de leitura de imagens do nosso poeta quando menino. Ela ocorre simultânea ao seu aprendizado das primeiras letras. Na prática escolar de então, atribuía-se papel relevante ao visual na função de estimular a escrita. Que as imagens fossem lidas e a leitura registrada em composições, primeiros exercícios de produção de texto. E assim foi na infância do poeta Armando Freitas Filho. Leio a mensagem, resposta ao pedido que lhe havia encaminhado, e autorizo de pronto a feliz ilusão de ter encontrado o que buscava Henriqueta Lisboa, no histórico livro de poesia infantil *O menino poeta* (1984):

> O menino poeta
> não sei onde está.
> Procuro daqui
> procuro de lá.
>
> [...]
>
> Ai! Que esse menino
> será, não será?...

Será, sim, plenamente. E narra, no fragmento anterior, elementos da gênese de sua produção verbal, que mantém acentuado vínculo com a visualidade. No princípio, era a imagem. A representação visual, diante de Armando ainda menino, convoca sua percepção, atiça-lhe o imaginário, provoca articulações. Estas serão simbolizadas na linguagem escrita e ordenadas em espaço e tempo predeterminados.

Ao observar as imagens pintadas, o pequeno é inundado por sensações e pensamentos diversos. Distingue a hierarquia social que ilumina crianças alegres, brancas, eternas, e mantém pouco nítidos, próximos dos animais, rostos escuros e suados. Talvez pressinta a dor e a iniquidade que não encontraram lugar na representação. O menino se prende a detalhes mínimos do cartaz. Envolve-se na ação representada, como se ela não fosse imaginária, como se não fosse uma figuração. Em livre exercício de criatividade e imaginação, compõe, a partir das imagens, diferentes histórias, uma contrariando a outra. Não importa, ele inventa.

Nessa experiência de ler o quadro, para depois descrevê-lo, o menino experimenta a potência da linguagem verbal, sua faculdade imensa de doar sentidos, ao descrever e narrar o que vê e o que não vê. São momentos de iniciação. Se o futuro escritor já pratica modos de ordenar o que percebe em palavras escritas, ainda não pode, por restrição de idade, refletir sobre essa aventura de recolher imagens com os olhos, interpretá-las e conduzi-las a outro meio. Diante do cavalete, no entanto, ele está além do limite do real. Sabe e não sabe sobre o objeto de seu olhar. Esse menino é um sujeito a caminho da descoberta de que é impossível dizer e explicar tudo. Vai vivendo suas aventuras com a linguagem na moldura da infância e do aparentemente trivial. Ele, assim como nós, um dia.

Em geral, deixamos que caiam no esquecimento as experiências com a linguagem que tivemos. Mas quem tem ouvidos para ouvir as crianças sabe o quanto são ricas. Com o tempo, mudam. No fluxo contínuo da fala, as palavras são submetidas, cada vez mais, aos fins práticos da comunicação, e tudo que queremos é que sirvam ao que pretendemos dizer, sem surpreender ouvintes ou leitores. Para isso, busca-se diminuir, tanto quanto possível, o risco de ambiguidade, maneira de garantir o recebimento menos tenso possível dos conteúdos que se quer transmitir. Com tal propósito, na fala, assim como nos textos que cumprem funções práticas, buscamos dominar os sentidos das palavras, restringi-los. Queremos somente que as palavras funcionem, sejam úteis, mas sejam também modestas, transparentes, e não atraiam atenção sobre si.

Quando as palavras não cumprem apenas a função de referir-se a algo, mas, em estado de poesia, passam a atrair atenção para si mesmas, elas se organizam em unidades recorrentes, reiterativas, de que o verso é a feição mais conhecida. Quando isso ocorre, em experiências com a poesia na infância, podemos, então, perceber aspectos materiais da língua, como as unidades de som que, em geral, passam despercebidas. Distinguimos figuras sonoras, tais como as rimas, aliterações, assonâncias, que contribuem para a composição da rede acústica.[1]

É de Marina Colasanti a seguinte declaração sobre a rima na poesia infantil:[2]

> A rima é como uma escada rolante, uma palavra conduz à sua semelhante – como os degraus que se desdobram – gerando um "crescendo" no poema. Mas boa parte do jogo da rima reside no inesperado. Quando a rima é previsível, ou seja, quando a poesia fica presa a um repertório de rimas premeditado – e reduzido –, perde-se o efeito surpresa, a cerejinha do bolo.

Especialmente valorizada na poesia para crianças, a rima está presente em composições que fazem parte da história do gênero no Brasil,

---

[1] Rima, aliteração, assonância são modos de recorrência de sons. A rima repete, ao final dos versos, a intervalos regulares na composição, sons iguais ou similares, em uma sílaba ou mais. A aliteração repete um mesmo som, em geral um fonema consonântico, em um mesmo verso ou estrofe. A assonância, por sua vez, repete, no verso ou na estrofe, som que, geralmente, é vocálico.

[2] Ver BALDI, 2008.

como no seguinte fragmento de "O galo", poema de Francisca Júlia (Vários autores, 2002, p. 32), que data de 1912:

> O galo é sempre o primeiro
> A anunciar as auroras.
> Repara bem: tem esporas
> E é por isso cavaleiro.
> Coroa tem e de lei,
> Coroa em forma de crista
> Que ganhou numa conquista:
> Por isso julga-se rei.

Já "Castelos", poema de Henriqueta Lisboa, nome clássico da poesia infantil brasileira, obtém seus efeitos sonoros da repetição de sons vocálicos: a assonância.

> Areia fina
> feito farinha
> coada entre os dedos
> arma castelos
> à-beira-mar.

No seguinte exemplo, da mesma autora, na primeira estrofe do poema "Siderúrgica", é da repetição de fonemas consonantais – aliteração – que se extrai sugestivo efeito sonoro:[3]

> Ferro no fogo
> fogo no ferro.
> Boca de forno
> calor de inferno.

Observa-se, no mesmo exemplo, outro forte recurso do gênero: o ritmo da sequência, a vibração que dá vida ao verso, anima-o. Alterna, a intervalos regulares, ou não, tempos e acentos. Aqui, sugere o movimento cadenciado e repetido do trabalho dos operários da siderúrgica. Por causar sensação musical, o ritmo[4] exerce função relevante nas composições poéticas infantis. É de José Paulo Paes uma tradução de poema de Lewis Carroll,[5] em que a agilidade, imprimida pelo ritmo

---

[3] Ver os poemas referidos em LISBOA (1984, p. 27; 41).

[4] Não confundir ritmo com métrica, essa é uma medida, uma regra abstrata.

[5] Ver poema "Regras e instruções" em CARROLL (1996).

sonoro e visual dos versos, associa-se à significação do poema e, aliada à rima, agrega elementos de humor à composição:

> Uma breve instrução
> Sobre a insatisfação:
> Por variações
> Nas ocupações,
> Suspensão
> Da obrigação,
> Combinações de recreações,
> Discussão
> Da situação,
> Adaptação
> À própria condição,
> Convocações
> De amigos e relações
> [...]
> Você evita a insatisfação.

Além do ritmo acústico, os poemas têm também um ritmo visual, definido pela disposição das linhas sobre as páginas, pelo tamanho e formato das letras, pela disposição delas na página, e, também, pelos brancos. Muitas composições destinadas a leitores infantis investem na visualidade do poema, no aspecto gráfico que põe em relação palavra, imagem, conceito.

A relação dos sons no poema – rede acústica – age também no plano da significação, fazendo com que uma palavra se reflita na outra, e se enriqueçam todas de modo recíproco. Acabam formando grupo de imagens como resultado dessa aproximação, entendendo-se imagem poética do modo como o fez Jan Mukarovsky (1977, p. 202), para quem toda palavra, em um poema, produz efeito imagístico, seja ela a rigor uma imagem ou não. Pois, quando empregadas poeticamente, as palavras evocam tal abundância de ideias e de sentimentos que, se comparadas à função que cumprem em outras formas de linguagem, podem ser consideradas imagísticas. Na poesia, a palavra está sempre orientada para algo não explícito. Como resultado, criam-se novas expectativas, não apenas linguísticas, mas também no plano das ideias.

É por meio de imagens que a metáfora estabelece relações de semelhanças entre o que é diferente, e cria, assim, sentidos novos, estabelecendo pontos comuns entre seres que nos pareciam totalmente isolados. Ainda na obra de Henriqueta Lisboa (1984), encontramos exemplo de semelhança metafórica capaz de aproximar uma louca mansa, Floripa – mulher alta, magra, negra – e uma flor:

> Floripa era uma tulipa
> era uma tulipa negra

A ligação não é racional, pertence a uma outra ordem. Na poesia, a intuição se impõe sobre a compreensão; a imagem, sobre o conceito; a instabilidade, sobre a certeza. Na expressão de Johannes Pfeiffer (1971, p. 39), a metáfora poética logra fundir em unidade convincente imagens que na experiência estão separadas e até são incompatíveis. A percepção poética é capaz de captar sentidos além daqueles da realidade material, efeito de um modo peculiar de se relacionar com a linguagem e com o mundo. Tal modo de perceber manifesta-se no poema, texto com abundância de sentidos e imprevisíveis efeitos de linguagem. Uma palavra liga-se a outra e sentidos brotam entre elas, sem que dependam de nenhuma em particular e dependam de todas, afinal. Um poema é um pequeno mundo, às vezes coerente, outras, nem tanto. Mesmo assim, deixa a impressão de ser completo, mundo fragmentado, mas suficiente.

Há quem, diante de um poema, fique à espera de uma chave de compreensão que permita interpretá-lo. A porta, no entanto, está entreaberta e desprendida de paredes, tal como no conhecido quadro *A vitória*, do pintor surrealista francês René Magritte. Assentada na areia da praia, a porta de Magritte não separa espaços, mas aproxima elementos. Ela dá passagem a uma nuvem, e a um mar de possibilidades.

Se é próprio da poesia explorar a aproximação de sons em um mesmo verso, ou em uma mesma estrofe, gerando, pela repetição, efeitos sonoros e sugestivos especiais, é, no entanto, da instabilidade dos sentidos, da surpresa do arranjo e da tensão que estabelece na linguagem, que provém o impacto que em nós causam as expressões poéticas. Desse modo, pode-se dizer que a poesia, ao mesmo tempo, repete e inventa; reitera e rompe, em aparente contradição.

Fazendo pouco caso da referencialidade, e com acentuado gosto pelo ambíguo, o poema nos desafia a buscar, na gama de sentidos que sugere, relações insuspeitadas que estabelecem sentidos possíveis, mas imprevistos, embora coerentes com a composição. Há na expressão poética novidade, renovação do uso das palavras, redirecionamento do olhar. A poesia desarma a maneira convencional de perceber o mundo, fazendo o leitor ou o ouvinte descobrir outros possíveis aspectos dele, pois é como disse Manoel de Barros (1989):

> Ao poeta faz bem
> Desexplicar –
> Tanto quanto escurecer acende os vaga-lumes.

Assim, a leitura de um verso ou de um poema promove um jogo com o sentido, a partir de aproximações que não se esperam, e que são capazes de gerar efeitos múltiplos. É o que ocorre nestes versos de Marina Colasanti (2007):

> A morte não é feia
> nem bonita.
> A morte é onde a vida
> põe um ponto.
> Um ponto
> de partida.

Os bons poemas tecem relações que não são óbvias, que não saltam à vista. Extraem da sutileza uma força de convencimento que é entranhável, bem antes de ser compreendida. Em poema noutra clave, mas com a mesma propensão ao inesperado, àquilo que contraria a causalidade habitual, Henriqueta Lisboa (1984) apreende peculiaridades da lógica infantil:

> Fazer pecado é feio.
> Não quero fazer pecado, juro.
> Mas se eu quiser, eu faço.

Os recursos da poesia são inúmeros, incontáveis são os modos como logra fazer paralelismos de linguagem. Sejam os paralelismos que ocorrem na estrutura do verso – como o ritmo, a rima, as assonâncias, as aliterações, as paranomásias, etc. – sejam os paralelismos de sentido, que operam por semelhança, como na metáfora ou na comparação, ou por diferença, como na antítese e no contraste:

> Um planeta mesmo louco
> onde o muito era nada
> e o tudo muito pouco. (PAES, 2005)

Se muitos são os recursos, muitas são também as possibilidades temáticas, os tons e as feições da poesia infantil. Há a poesia em que predominam as intenções plásticas, com a disposição de dar a ver as coisas concretas ao nosso redor. São aquelas composições em que as imagens se impõem às ideias, em que o poeta se faz pintor, tal como diz Neusa Sorrenti:[6]

> Com letras de fogo
> eu pinto um poema
> de alma aldeã.
>
> Estrofes têm tintas
> que alternam calor
> de febre terçã.

Nessa modalidade poética, predomina a variedade e a força sugestiva das imagens, a apreensão sensorial de uma realidade psíquica, física ou social. Mas há, também, os textos de natureza narrativa, que se desenvolvem na sucessão de estrofes em versos rimados, como ocorre em *Catarina encastelada*, de Rita Espeschit (2007):

> Era uma vez um castelo,
> no reino de Monte Carmelo.
> [...]
> E ficou lá, a pobre Catarina,
> encastelada,
> totalmente só
> e abandonada.
>
> Catarina se trancou
> numa torre de madeira,
> com uma janela pequena,
> um espelho e uma cadeira.

A poesia infantil acolhe bem o cômico, em seus variados matizes, como neste exemplo, extraído da obra de Ricardo Azevedo (2006), que explora, em paródia do clássico poema "Canção do exílio", de Gonçalves Dias, a pluralidade dos sentidos das palavras:

---

[6] Ver "Pintar poesia" e "Yabiru" em SORRENTI (2008, p. 19).

> Nossa terra tem Palmeiras
> Corinthians, Flamengo e jogo
> De São Paulo, Fluminense,
> Vasco, Grêmio e Botafogo
>
> Nosso céu tem mais estrelas
> Cruzeiro e Internacional
> Clube Atlético tem vários
> Para orgulho nacional.

Outras composições se inclinam à fixação de instantâneos, seja uma cena breve ou um instante de consciência, que podem ganhar um delicado tom lírico ou a dramaticidade de uma dura situação social, como nestes exemplos da obra de Caparelli (1989):

> A lua cheia vagueia
> de barco sobre o Guaíba.
>
> Em silêncio, preocupada,
> se debruça na amurada
>
> buscando sinais antigos
> de outras luas nas águas.

O foco muda radicalmente para o drama social, quando o poeta enquadra a situação da mãe trabalhadora e dos filhos, que ficam entregues a si mesmos, quando ela sai:

> Acorda, mamãezinha,
> Você está cansada
> trabalha o dia todo
> desde a madrugada
> A fábrica já apitou
> acorda, eu já lhe disse
> dois beijos apressados
> em mim e na Clarisse
>
> [...]
>
> Eu cuido da maninha
> e fico preocupada
> não posso nem sair
> com a casa chaveada.

São também frequentes os casos de poesia descritiva de uma personagem, um ambiente, um fato, que podem compor breve quadro

lírico, em brincadeira com a linguagem, como neste exemplo de
Sidônio Muralha (1976):

> Brinca nas flores
> um saí divertido
> de sete cores
> vestido.
>
> Saia, saia das flores,
> por favor, saia daqui...
> E o saí-de-sete-cores
> sai saltitando das flores
> e responde: – já saí.

Um gênero difícil

> Toda reflexão sobre poesia deveria começar, ou terminar, com esta pergunta: quantos e quem são os que leem livros de poemas? Disse poemas, não poesia, porque podemos discutir incessantemente sobre a segunda, enquanto não é difícil concordar sobre o significado da palavra poema: um objeto feito de palavras, destinado a conter e segregar uma substância impalpável, rebelde a definições, chamada poesia.
>
> (OCTAVIO PAZ, *A outra voz*)

Cecília Meireles, Vinicius de Moraes, José Paulo Paes, herdeiros do modernismo e, no caso do último, também do concretismo, inscreveram-se na história da poesia brasileira como grandes nomes do gênero. As poesias que destinaram ao público infantil constituem paradigmas da nossa produção poética para crianças. Esses poetas escreveram tanto para adultos quanto para crianças, sem que a qualidade dos poemas produzidos para os menores se encolhesse para corresponder à estatura dos leitores. A questão da abrangência de público – poetas capazes de escrever tanto para adultos quanto para crianças –, o fato de o autor de poemas infantis não ser um meio-poeta, porque compõe, também, para um público menor, é assunto que merece reflexão mais profunda do que a que tem sido dedicada a ela.

Admirados, estudados, imitados, os poemas infantis de Cecília, Vinicius, José Paulo ressurgem, aqui e ali, copiados e deformados em versões pobres, tristes réplicas sem brilho. O fenômeno acabou gerando um critério por negatividade: destacam-se positivamente as composições poéticas para criança que alcançam afirmar uma expressão própria, sem tentar imitar obra e estilo dos consagrados. O desafio, para quem faz poesia infantil, passou a ser criar espaço para si, para sua poética, onde parecia não haver mais espaço algum.

Gênero particularmente difícil, os maiores equívocos de realização da poesia para criança ocorrem quando se diminui ou desconhece o leitor infantil. No primeiro caso, incide-se na poesia infantilizada, que subestima o leitor com versos que não permitem nenhuma aventura estimulante com a palavra. No outro extremo, está a poesia que não consegue prever o universo da criança e comete impropriedades de vocabulário, conceitos e sentimentos. Faz escolhas incompatíveis com as vivências limitadas daquele que pretende atingir. É o caso das composições poéticas sobre percepções e disposições emocionais próprias do adulto, mas irreconhecíveis, ou sem apelo nenhum para uma criança, como, por exemplo, a nostalgia.

Entre um desacerto e outro, o gênero também é frequentemente acometido de mediocridade, o que realça ainda mais as felizes realizações. Em *No risco do caracol*, a visualidade impregna a poesia descritiva de Maria Valéria Resende, em obra composta por mínimos quadros líricos. A autora definiu suas composições como fotografias com palavras, flagrantes de momentos fugazes vividos aqui e agora. De modo semelhante àquele de antiga forma poética japonesa – o haicai –, plasma em versos o encantamento repentino com alguma cena, animada pelo ritmo de mudança constante, observada no cotidiano ou nos ciclos da natureza. A poesia de Maria Valéria faz lembrar de um conceito, atribuído ao poeta francês Paul Valéry, que diz ser o poema o desenvolvimento de uma exclamação.

O haicai é formado por três versos com 17 sílabas distribuídas em esquemas de 5, 7, 5 sílabas, correspondentes ao primeiro, ao segundo e ao terceiro versos. Repetir a estrutura tradicional dessa composição não é, no entanto, o que mais importa em *No risco do caracol*. É pelo olhar lírico e meditativo sobre o mundo, pela particular apreensão de suas mutações, que o texto se diz. Se a poeta se aproxima de uma forma remota como o haicai, é para atualizá-la, imprimindo as marcas de um eu-poético que não omite sua presença na cena que observa, ao contrário do que prescreve a convenção da forma arcaica japonesa:

> Meu pé de sola dura
> sulca a terra ressecada
> ao sol do verão.

Os haicais tanto podem ser lidos em sucessão, perseguindo-se um fio que os ordene em sequência, como podem ser lidos isoladamente ou em uma montagem que o leitor invente. No entanto, como a terceira linha de um terceto vem a ser a primeira do seguinte, a leitura sucessiva acaba sendo estimulada. De feição contemporânea, a obra associa a forma poética com sabor de haicai a um contexto e a uma natureza de evocações nordestinas e, ao mesmo tempo, universais, onde acontecimentos pequenos pulsam regidos pelo ritmo da passagem do tempo.

Ao fixar instantâneos, a poeta compõe figurações de encanto e espanto, surpresa e atenção, frente a cenas breves apreendidas em jogos de contraste – "prata" e "ouro" – ou de aproximação – "desenha" e "linha" – como se observa no exemplo seguinte:

> O caracol desenha
> linhas de prata
> no ouro da folha seca.

É da relação de imagens que provêm a delicada beleza da poesia de Maria Valéria Resende. Em outros poemas infantis, porém, o que capta de imediato nossa atenção é a sonoridade de um peculiar arranjo de signos que provoca efeitos em cadeia, tal como no poema "Fiandeira", de Sergio Caparelli (1989):

> – Fiandeira, por que fias?
> – Fio fios contra o frio.
> – Fiandeira, pra quem fias?
> – Fio fios pros meus filhos.
> – Fiandeira, com que fias?
> – Com fieiras de três fios.

A composição aproxima palavras com sons assemelhados, ora pelo parentesco etimológico dos vocábulos – "fio", "fias", "fieiras", "fiandeira" – que partilham uma mesma origem, ora pela proximidade fônica que existe entre palavras, como "fio" e "frio" ou "fio" e "filho". Num primeiro momento, é o uso dessa figura de linguagem – a paronomásia – com sua rede de sons, capaz de travar a língua numa leitura rápida e oral, o que se impõe no poema.

Fiandeira evoca uma imagem literária forte, com remota origem mítica e carga semântica ameaçadora. No poema, porém, surge como imagem apaziguada de mãe que tece para proteger os filhos do frio. Confirma o que escreveu Gilbert Durand (1997, p. 107): tecer na roca é uma imagem feminizada. O fio como imagem literária, contudo, desde a *Odisseia*, simboliza o destino humano. Tanto os instrumentos como os produtos do tecer e do fiar – Durand nos lembra que a fiandeira e a tecelã são figuras aproximadas – estão ligados ao destino, ao devir, e são, frequentemente, ambíguos.

O diálogo que imprime ritmo ao poema, recurso usado em poemas de feição narrativa, e raramente em composições tão breves como esta, com as perguntas *por que*, *pra quem*, *com que*, age na desconstrução ou neutralização da possível ambiguidade da figura da fiandeira. No mito grego, as moiras são mulheres temíveis que fabricam, tecem e cortam o fio da vida, determinando o destino humano. Na *Ilíada* de Homero, elas incorporam a lei suprema que paira sobre deuses e homens, como a sorte preestabelecida desde o nascimento. As moiras são três, e Cloto, uma delas, é quem segura o fuso e puxa o fio da vida, num fazer associado à maternidade.

Assim, a alusão a três fios, no último verso da composição, evoca numericamente as figuras gregas no ofício de fiar o destino alheio. Mas, se o fio remete ao destino, ainda de acordo com o antropólogo francês, o tecido, por sua vez, reenvia à ligação tranquilizante, ao que protege e sustenta, àquilo que se opõe ao rasgo, à ruptura. A fiandeira de Caparelli é, portanto, do bem.

É preciso conhecer os antigos mitos gregos para ler e apreciar a composição do poeta? Não, não é preciso. Os sons relacionados no poema, o ritmo dos versos, a força das imagens são suficientes para que crianças e adultos sintam-se atraídos pela composição. No entanto, além dos aspectos sonoros e imagísticos mais superficiais, essa composição mantém relações menos óbvias de sentido, de modo a ocultar uma riqueza em apenas seis linhas.

"Fiandeira" integra o livro de poemas *Tigres no quintal*, obra exemplar quanto às possibilidades da poesia destinada, principalmente, a crianças. Atenção ao advérbio de modo, pois a criança não é o destinatário único do livro, o que confere a ele lugar especial entre a produção do gênero, ao reunir poemas apropriados à leitura por crianças, sem excluir a fruição por jovens e adultos. Amplia, assim, o conceito de poesia infantil, não só em composições que preveem leitores de diferentes idades, mas também em traduções de poemas de Emily Dickinson, Federico Garcia Lorca, W. Goethe, Apollinaire, e outros, que não foram originalmente escritos para o público infantil, mas que, postos ao lado de textos selecionados de Gil Vicente e Fernando Pessoa, nos levam a questionar os limites que certas práticas atribuem ao gênero e o esvaziamento a que muitas vezes é condenado.[1]

Em diálogo tanto com a tradição quanto com o experimentalismo, Sérgio Caparelli serve-se de recursos poéticos que tanto podem vir de fonte modernista quanto concretista. Explora com humor e originalidade os recursos gráficos do poema, de modo que, em algumas páginas, funde poema e ilustração. Brincando com a materialidade da palavra, com o aspecto visual do poema, provoca experiências formais em que as palavras perdem a transparência.

A boa poesia infantil preserva certa inocência, sem se esquivar do que se insinua como desafiador na relação entre falante e linguagem, entre o sujeito e o mundo. Livros como *No risco do caracol* e *Tigres no quintal* são exemplos da expressividade da poesia infantil brasileira, em diálogo tanto com a tradição quanto com o contemporâneo, capazes de mirar a infância sem subestimá-la e valorizar a decisiva experiência com a linguagem que, nessa etapa, se pode viver.

---

[1] Concepção semelhante orienta a antologia de AGUIAR (2007).

A iniciação: os jogos verbais

> Das inúmeras possibilidades que se abrem a quem está interessado no discurso poético para crianças, a mais animadora é a de que existe um manancial inesgotável de textos em circulação nas camadas sociais mais diversas, referendado pela passagem do tempo e portador de uma sabedoria ingênua, reveladora das preocupações básicas do homem.
>
> (Maria da Glória Bordini, *Poesia infantil*)

Falantes têm diferentes graus de consciência da estrutura da língua. Se há aqueles que parecem conscientes apenas do valor de troca de algumas poucas palavras, outros são capazes de explorar as potencialidades e os recursos linguísticos criativamente. Tais diferenças na relação dos falantes com a língua não se explicam apenas pelo recebimento, ou não, de educação formal. A questão não é tão restrita, tem também a ver com a maior ou menor sensibilidade para perceber o que podem as palavras, além do uso rotineiro que fazemos delas. Poetas e compositores populares dão fartos exemplos disso. Sem esquecer que foi a expressividade verbal não formalizada pela escola de habitantes do campo ou do sertão que formou o substrato linguístico inspirador de obras como as de Simões Lopes Neto ou Guimarães Rosa.

A expressão poética opõe-se exemplarmente à rotina linguística. Palavras em estado de poesia superam as formas ordinárias de comunicação e, desviantes, percorrem as margens da nomeação convencional. Pois, como já disse Manoel de Barros, função de poesia é encantar palavras.

Há composições de poesia infantil que apenas brincam com os sons. Tratam a língua como material e convidam a criança a jogar com a sonoridade, sem se importar com significados. Assim, associam-se a uma experiência anterior de seu público, pois, nos jogos verbais, as unidades linguísticas de som e sentido são tratadas como brinquedos, e as palavras perdem a transparência relativa de que desfrutam na comunicação interpessoal. Quando prevalece a utilidade da comunicação, costuma-se dizer que elas são transparentes, ou quase isso, porque o falante procura deixar bem claro o que pretende dizer. Mas, quando o que se quer é brincar com palavras, a clareza dá lugar à opacidade, e as palavras ficam menos precisas, mais provocadoras. A comunicação, então, passa a valer menos que a inventividade, a expressão, a liberdade de dizer e compor. As palavras são tratadas como meio e não como fim.[1]

A poesia se aproxima desses jogos verbais, quando brinca com as possibilidades combinatórias da língua, seja com a aproximação e reiteração de fonemas, como fez Cecília Meireles (1977) em "o colar de Carolina / colore o colo de cal, / torna corada a menina", seja com a formação, transformação ou desconstrução das palavras, como faz Leo Cunha (2007) em "larga, Tixa, larga logo / essa larga lagartixa!", seja brincando com os sentidos convergentes e divergentes das palavras, tal como José Paulo Paes (2005), quando diz "ninguém coça as costas da cadeira".

Temos experiência com a função poética da linguagem desde que ouvimos as cantigas de ninar, os acalantos, guardados na memória auditiva mais remota. Talvez, a eles tenham se seguido as cantigas de roda – hoje ameaçadas de esquecimento pelo desuso – e as parlendas, aquelas rimas e ditos instrutivos do tipo Palminhas de Guiné; Dedo Mindinho; Um, dois, feijão com arroz, etc. Observa Maria da Glória Bordini (1986, p. 23) que, "no acervo folclórico das nações, é comum a presença de brincos – 'Bico, bico, surubico, / quem te deu tamanho bico?' – , poemas dirigidos ao bebê, para fazê-lo apreciar o ato de vestir-se, banhar-se, comer ou dormir", o que acaba por estabelecer uma relação entre corpo e poesia. Observa a ensaísta que as formações ritmadas acompanham os gestos quase rituais da mãe, despertando a atenção da criança e, ao mesmo tempo, assegurando-lhe o carinho materno. Os brincos, como os acalantos, são poemas de afago.

Mais adiante, será a vez dos trava-línguas e das adivinhas, jogos verbais com características muito próprias. No trava-língua, o desafio é

---

[1] Retomo e atualizo aqui assunto de que me ocupei em CADEMARTORI (1986).

lidar com a sonoridade da língua, pronunciando sem errar palavras com similaridade fônica entre si, como no conhecido "o rato roeu a roupa do rei de Roma".[2] Já as adivinhas põem em confronto o sentido próprio e o figurado das palavras, levando à descoberta de que uma palavra pode dizer uma coisa e outra – ou outras – dependendo do contexto. A adivinha pode ter uma fórmula sintética, resumindo-se à pergunta "o que cabe numa casa e é menor do que a mão?", ou ter uma marca de gênero, com palavras de passe em estrutura versificada, como neste exemplo:

> O que é? O que é?
> Enche uma casa completa,
> Mas não enche uma mão;
> Amarrado pelas costas,
> Entra e sai sem ter portão?
> (Resposta: botão)

É a tradição desses jogos que alguns livros de poesia para criança retomam. Em obra clássica do gênero, Vinicius de Moraes (1978) explorou a reiteração de sons em versos que se tornaram muito populares, como "Lá vem o pato / pata aqui / pata acolá / lá vem o pato / para ver o que é que há". Eva Furnari (2004), por sua vez, renova a tradição dos trava-línguas em arranjos como "Pedro tropeça na pedra preta da poça na praça". Enquanto Ciça (2008) brinca com os sentidos próprio e figurado das palavras, ao compor a seguinte quadra:

> Gafanhoto dá na horta,
> Gorgulho dá no feijão.
> Já grilo me dá na cuca
> Quando não sei a lição.

A poesia para a criança menor tende a usar como recurso e motivo as diferentes etapas de sua relação com a linguagem e a escrita, reconhecimento de que os jogos verbais são de fundamental importância para o falante infantil, e que a produção livresca, que parte dessa experiência, encontra boa acolhida entre os pequenos. São várias as obras de poesia infantil brasileira que elegem o alfabeto como tema, recorrência que faz dele um clássico da poesia para esse segmento.

---

[2] Tratei do mesmo tema, a relação entre poesia e jogos verbais, nos livros *Literatura infantil: autoritarismo e emancipação* (1982), em coautoria com Regina Zilberman; e, também, em *O que é literatura infantil* (1986).

Inspirou as obras de dois dos nossos mais representativos poetas, e foi tratado em enfoques bastante distintos, nos livros *O batalhão das letras* e *É isso ali*. A primeira foi publicada por Mario Quintana, em 1948; a segunda, por José Paulo Paes, em 1984.

O alfabeto é um sistema de sinais não figurativos, diferentemente do desenho. Quando a criança passa do desenho à letra, muda de sistema de registro e vive uma fase mais importante do que costumeiramente conseguimos avaliar. A poesia de Paes dialoga com esse intervalo entre o tempo do primeiro registro – quando a criança desenha, mas não escreve – e o tempo do segundo – quando é apresentada às letras. Assim, ele poetiza os aspectos gráficos das letras, que são externos à escrita e mais próximos da habilidade de uma criança que ainda desenha a letra. Esta, em seus versos, é tratada quase exclusivamente como grafismo. O poeta sugere similitudes que não são óbvias entre as formas, como, por exemplo, a forma do H e o de uma cama vista de lado. Faz pouca alusão à pauta sonora da linguagem, embora, em alguns casos, ao criar imagens a partir do aspecto gráfico das letras, apele também para a sonoridade, como no exemplo seguinte:

> O C é uma foice
> sem cabo, mas corta. Aliás,
> não há "corte" sem C. (PAES, 2005)

Explora, com humor, a semelhança das formas de um A e de uma escada aberta, em versos que não exigem da criança que compreenda a relação entre o gráfico e o sonoro. Sendo o alfabeto um registro abstrato, convencional, ao contrário do desenho, o poeta convoca seu destinatário a que perceba semelhanças e diferenças figurativas entre letras e coisas diversas: barriga, garfo, dente, flauta, serpente, antena de TV.

A obra de Quintana, por sua vez, privilegia o valor sonoro das letras do alfabeto. Em algumas quadras, refere-se às letras como símbolos dos sons da fala, mas, em outras, estabelece relações simbólicas entre letras e coisas, gestos ou ideias, como no exemplo seguinte:

> Com H se escreve HOJE
> Mas "ontem" não tem H...
> Pois o que importa na vida
> É o dia que virá! (QUINTANA, 1992)

Como se vê, o leitor ideal de *O batalhão das letras* já entende o registro gráfico como notação de conteúdo linguístico. É uma criança já em outra etapa de sua relação com as letras. Quintana liga o D à sonoridade da palavra "dedo", mas daí deriva para as diferentes significações gestuais existentes entre um dedo acusador e um dedo levado ao lábio. O poeta parte das letras para as palavras e dessas para interpretações de atitudes, reflexões sobre a vida:

> N é a letra dos teimosos
> Da gente sem coração:
> Com N se escreve – NUNCA!
> Com N se escreve – NÃO! (QUINTANA, 1992)

A criança precisará, porém, de uma vivência linguística mais apurada, para apreciar o poder das imagens verbais de versos como estes de José Paulo Paes (2005):

> Completo negrume.
> Até parece que puseram fraldas
> nos vaga-lumes.

Numa visita à Biblioteca Demonstrativa de Brasília, abri ao acaso uma antologia de poemas de Manuel Bandeira, e a página exposta à leitura foi a do poema "Desesperança". Li o primeiro verso: "Esta manhã tem a tristeza de um crepúsculo". Nas margens da página, havia várias inscrições à tinta, ação reprovável em usuários de bibliotecas, mas marcas de leituras no tempo, registro de diálogos com o poema. Alguém, em 1978, em sintonia com percepção e sentimento do poeta, escreveu: "parece com a manhã de hoje". O mesmo verso de Bandeira, a que respondeu à tinta o leitor indisciplinado, ecoou em registros feitos em diferentes datas. Alguém confirma a semelhança das manhãs, dois anos mais tarde, em 1980. Outro leitor fará registro similar em 1981. E assim prosseguiram diversos leitores de hábito não recomendável nos anos seguintes. Juntos, teceram uma extensa manhã triste com pontos em 1994, 1996, 1997...

As obras sobrevivem na comunidade de leitores e se consolidam na sucessão de leituras. É a ideia de teia, em que um apanha a voz do outro e a projeta, como nos versos de João Cabral de Melo Neto no poema "Tecendo a amanhã" (1968): "Um galo sozinho não tece uma manhã: / ele precisará sempre de outros galos. / De um que apanhe esse grito que ele / e o lance a outro; de um outro galo / que apanhe o grito que um galo antes / e o lance a outro; e de outros galos / que com muitos outros galos se cruzem".

Ler na era do consumo

> Nas calçadas, envoltos em límpidos sacos plásticos, os restos da Leônia de ontem aguardam a carroça do lixeiro. Não só tubos retorcidos de pasta de dente, lâmpadas queimadas, jornais, recipientes, materiais de embalagem, mas também aquecedores, enciclopédias, pianos, aparelhos de jantar de porcelana: mais do que pelas coisas que todos os dias são fabricadas, vendidas, compradas, a opulência de Leônia se mede pelas coisas que todos os dias são jogadas fora para dar lugar às novas. Tanto que se pergunta se a verdadeira paixão de Leônia é de fato, como dizem, o prazer das coisas novas e diferentes, e não o ato de expelir, de afastar de si, expurgar uma impureza recorrente.
>
> (ITALO CALVINO, *Cidades invisíveis*)

A maior parte da vida social foi mediatizada, de tal modo que, para um número significativo de estudantes, o contato interpessoal ocorre por via de computador e celular. Aqueles que não dispõem desses meios vivem forma cruel de exclusão, porque o cruzamento das vozes, em grande medida, por aí é que se dá. O livro em geral e a literatura de modo especial emitem vozes mais sutis e menos ressonantes em meio à barafunda dos discursos. Essa percepção do lugar da literatura na sociedade não costuma ser confortante a nenhum professor. No entanto, manter a consciência ingênua em relação ao fato ajuda muito pouco. Para promover a leitura, mais efetivo é atuar com algum conhecimento da forma de sociedade em que vivemos e onde, persistentes, divulgamos a literatura. O subtítulo deste livro – para pequenos, médios e grandes – sinaliza o reconhecimento de que a relação do professor com a literatura precisa ser pensada na moldura da era do consumo em que vivemos e, mais que isso, que qualquer prática cultural que promova o discurso literário exigirá saber passar pelas frestas de um império.

Com a intenção de assinalar aspectos do cenário social em que o professor irá estimular a leitura literária, recorro a alguns pontos das análises da sociedade e da arte contemporânea, desenvolvidas pelo sociólogo polonês Zygmunt Bauman, nascido em 1925, e expressos principalmente nas obras *Vida de consumo* (2008a) e *Arte, líquido?* (2007).[1] Elas demonstram que, em nossa época, toda prática cultural ocorre no marco da sociedade de consumidores, de que fazemos parte, caracterizada por ter estabelecido relações entre as pessoas à imagem e semelhança das relações entre consumidores e objetos de consumo, de modo a deixar confusos os limites entre gente que consome e coisas a serem consumidas.

As pessoas também foram transformadas em produtos e esta é a característica mais proeminente dessa sociedade: a capacidade de dissolver as pessoas em um mar de mercadorias e de conseguir que elas mesmas desejem se transformar em produtos admirados e desejados, mesmo que seja graças a uma visibilidade atingida por apenas alguns minutos.[2] A fantasia da fama, o sonho de ser admirado e comentado, ganha, hoje, tal proporção que, observa Bauman, os contos de fadas da sociedade de consumidores passaram a ser feitos desta matéria: transformar a si mesmo em um produto desejável e desejado. Traço da subjetividade que não podemos ignorar, para entender o que se passa ao redor e compreender a nós mesmos.

Vale esclarecer: o consumo é uma condição da vida e, assim sendo, independe de época. Já o consumismo ocorre quando o consumo se torna particularmente importante e, até mesmo, central na vida das pessoas, ao ponto de se transformar em objetivo da existência. Esclarecendo um pouco mais: nenhum de nós fala de um lugar fora dessa sociedade, somos todos consumidores e, talvez, consumistas, de uma coisa ou de outra. Isso não nos deve impedir de reconhecer tal circunstância, condição para melhor analisar nossos movimentos e nossas possibilidades dentro dela.

---

[1] Ver tradução para o português da primeira obra com título *Vida para consumo: a transformação das pessoas em mercadorias* (BAUMAN, 2008b).

[2] Ver também SIMMEL (1998).

A subjetividade passou a ser formada por eleições de consumo, de tal modo que, diz Gustavo Barcellos (2008, p. 6):

> [...] numa época toda codificada como a nossa, o código da alma (o código do ser) virou código do consumidor! Fascínio pelo consumo, fascínio do consumo. Felicidade, luxo, bem-estar, boa forma, lazer, elevação espiritual, saúde, turismo, sexo, família e corpo são hoje *commodities* reféns da engrenagem do consumo.

O consumismo associa a felicidade não apenas com a realização do desejo de adquirir um objeto, mas, também, com o permanente aumento da intensidade desse tipo de aspiração, o que estimula a constante substituição dos objetos, que um dia foram desejados, por outros que agora o são ainda mais. Desse modo, mesmo os objetos duráveis, e não apenas os perecíveis, já trazem da fábrica, embora nem sempre visível, o prazo de validade. O "durável" já não dura.

A relação que mantemos com a literatura e com o magistério faz, é claro, parte da rede de relações conquistada por visões e padrões de comportamento balizados pelo mercado. Objetos culturais também fazem parte do consumo. Mas, mesmo sendo o livro uma mercadoria, os conceitos que animam certos textos subvertem a lógica de uma sociedade marcada pela fluidez e pelo descartável, contrariando, assim, o desejo incessante por objetos novos, ao propor algo mais essencial do que a cultura da compra e do desperdício.

Alguns discursos conseguem manifestar, mesmo dentro desse círculo, certo modo de dissenso – como querer da vida algo mais que o sedutor objeto lançado ontem, para ser descartado amanhã – e, quem sabe, possam opor alguma resistência ao império do supérfluo, agindo nos exíguos espaços que ele ainda não ocupou. Parar para ouvi-los será, contudo, atitude na contramão, pois, como assevera Bauman, a cultura consumista convoca seus membros a agir irreflexivamente, sem pensar no que seria o propósito de suas vidas; sem distinguir o que é relevante e o que é descartável; o que é importante e o que é indiferente. Promove a escolha de um modo consumista de viver, como condição de pertencimento, e desaprova toda e qualquer opção cultural alternativa (BAUMAN, 2008a, p. 78).

Adaptar-se aos preceitos da cultura de consumo e restringir-se a eles é, praticamente, a única escolha aprovada unanimemente. Mal aprendem a ler – e, muitas vezes, antes disso – as crianças já são capturadas nessa rede. E os cidadãos pobres são forçados a gastar mais do pouco que têm com objetos que não fazem parte de suas necessidades básicas, mas que, se não forem exibidos, podem acarretar humilhação social. Quem não consegue consumir é visto como um consumidor que falhou, um fracassado que não conseguiu atender à condição fundamental de pertencimento à sociedade.

A sociedade de consumidores é impensável sem a eliminação dos descartáveis que compõem o lixo de Leônia, a imaginária cidade de Calvino que, no entanto, nos é tão familiar. Os consumidores, assim como os que ainda não o são totalmente, mas desejam muito sê-lo, vislumbram relações muito efêmeras com os objetos que adquirem ou que sonham adquirir. Desejamos, compramos, descartamos. Nada é estável nem duradouro. Esse modo de existência, esse estado subjetivo e tal escala de valores têm, é evidente, seu correspondente na economia: ela está baseada no incessante desejo dos consumidores por mercadorias sempre novas e, cada vez, mais atraentes.

"Não tenho tempo", "não posso perder tempo", "quando eu tiver tempo" e "preciso ganhar tempo" são expressões ouvidas a toda hora. Recorremos a elas para justificar e estimular a pressa, o ritmo acelerado que imprimimos às ações do dia a dia. Além disso, usá-las traz um ganho de legitimidade. Uma pessoa ocupada merece respeito, quem vai querer detê-la ou sobrecarregá-la com tarefa extra? Mesmo que haja alguma encenação nisso, levamos a vida tal como aquele coelho que Alice viu consultar o relógio, ao retirá-lo do bolso do colete:

> O Coelho Branco disse para si mesmo:
> – Meu Deus! Meu Deus! Vou chegar atrasado! (CARROLL, 1982)

Porque, nesta época, o momento presente deve ser explorado ao máximo, com ações verdadeira ou pretensamente úteis. A vida passa numa sucessão de instantes de emergência que, se bem examinados, podem se revelar menos graves e urgentes do que parecem ser.

Em meio ao ritmo frenético da vida, parar para ler, pelo simples desejo de ler, que rebeldia, que reação! O leitor, recolhido e concentrado em meio a essa agitação, pode ser visto como um sujeito esquisito. Em época de tempo acelerado e mudança constante, ele escolhe fazer algo que detém a pressa, o fluir constante, a velocidade, o imediato, para exigir o tempo lento da observação e da reflexão, o desvio do olhar e a disposição para uma participação no silêncio. Pois, como salienta Bauman, o que é do âmbito da cultura sempre aponta além da realidade do dia a dia. Não lhe interessa o tema de hoje, a urgência do momento. Ao contrário, pretende, no mínimo, acentuar o caráter limitador da atualidade, seja a atualidade que for e definida por quem seja. A cultura estimula a libertação de todas as pressões rotineiras.

No final do século passado, Milan Kundera escreveu um romance intitulado *A lentidão*. A seguir, uma passagem significativa de como o tempo acelerado conspira contra a memória e a apreensão do que ocorre ao redor:

> Há um elo secreto entre a lentidão e a memória, entre a velocidade e o esquecimento. Evoquemos uma situação extremamente banal: um homem caminha na rua. De repente, quer lembrar-se de qualquer coisa, mas a lembrança escapa-lhe. Nesse momento, maquinalmente o homem atrasa o passo. Pelo contrário, alguém que queira esquecer um incidente penoso que acaba de viver acelera sem dar por isso o ritmo de sua marcha, como se quisesse afastar-se depressa do que, no tempo, lhe está ainda demasiado perto. (KUNDERA, 1995, p. 31)

A narrativa de Kundera estabelece uma relação em que o grau de lentidão é diretamente proporcional à intensidade da memória, do mesmo modo que o grau de velocidade é diretamente proporcional à intensidade do esquecimento. O processo de aprender e o processo de esquecer não escapam, portanto, da influência desse tempo acelerado e da sucessão de urgências reais ou falsas. Aprende-se rápido, mas se pode esquecer velozmente. A leitura literária requer que o leitor se conceda a liberdade de ter um tempo mais lento.

Nos últimos 30 anos, produziu-se mais informação do que nos últimos 5.000 anos. Os cálculos são de Ignazio Ramonet (1999, p. 184 *apud* BAUMAN, 2008, p. 61) e fornecem outro referencial de avaliação dessa nossa época de excesso, quando só uma edição de domingo do *New York Times* contém mais informação do que uma pessoa culta do século XIX conseguia acumular. Há muita informação ao nosso redor, mas nem tudo é relevante. Na verdade, há muito ruído. Sofremos certo atordoamento e é preciso aprender a distinguir o que merece mesmo pausa e escuta. Talvez a tarefa fundamental do professor, hoje, seja ensinar a seus alunos como distinguir, entre as múltiplas vozes das mensagens impressas e eletrônicas de todo tipo que o cercam, quais de fato merecem a atenção deles, por serem capazes de atender, de algum modo, suas necessidades de ser.

Referências

AGUIAR, Vera (Coord.); ASSUMPÇÃO, Simone; JACOBY, Sissa. *Poesia fora da estante*. Porto Alegre: Projeto / CPL - PUCRS, 2007.

AZEVEDO, Ricardo. *Aula de carnaval e outros poemas*. São Paulo: Ática, 2006.

BALDI, Annete. O prazer da poesia de Marina Colasanti. *Tigre Albino*, v. 1, n. 3, 15 jul. 2008. Disponível em: <http://www.tigrealbino.com.br/index.php?volumesel=2525b9ec5a09159df57b6ab2bc0dd204>. Acesso em: 14 nov. 2008.

BARCELLOS, Gustavo. A alma do consumo. *Le Monde Diplomatique Brasil*, São Paulo, dez. 2008.

BARROS, Manuel de. *O guardador de águas*. São Paulo: Art, 1989.

BAUMAN, Zygmunt. *Arte, líquido?* Tradução e edição de Francisco Ochoa de Michelena. Madri: Sequitur, 2007.

BAUMAN, Zygmunt. *Vida de consumo*. Tradução de Mirta Rosemberg e Jaime Arrambide. Buenos Aires: Fondo de Cultura Económica, 2008a.

BAUMAN, Zygmunt. *Vida para consumo: a transformação das pessoas em mercadorias*. Tradução de Carlos Alberto Medeiros. Rio de Janeiro: Jorge Zahar, 2008b.

BORDINI, Maria da Glória. *Poesia infantil*. São Paulo: Ática, 1986. (Série Princípios)

CADEMARTORI, Ligia. *O que é literatura infantil*. São Paulo: Brasiliense, 1986. (Coleção Primeiros Passos)

CADEMARTORI, Ligia; ZILBERMAN, Regina. *Literatura infantil: autoritarismo e emancipação*. São Paulo: Ática, 1982.

CAPARELLI, Sérgio. *Tigres no quintal*. Porto Alegre: Kuarup, 1989.

CARROLL, Lewis. *Alice no País das Maravilhas*. Tradução de Fernanda Lopes de Almeida. São Paulo: Ática, 1982.

CARROLL, Lewis. *Rimas do País das Maravilhas*. Tradução de José Paulo Paes. São Paulo: Ática, 1996.

CIÇA. *Ciranda de insetos*. São Paulo: FTD, 2008.

COLASANTI, Marina. Pondo o ponto. *Minha ilha maravilha*. São Paulo: Ática, 2007.

CUNHA, Leo. *Que bicho mordeu? e outros poemas*. Rio de Janeiro: Agir, 2007.

DURANT, Gilbert. *As estruturas antropológicas do imaginário*. Tradução de Hélder Godinho. São Paulo: Martins Fontes, 1997.

ESPESCHIT, Rita. *Catarina encastelada*. São Paulo: FTD, 2007.

FURNARI, Eva. *Travadinhas*. São Paulo: Moderna, 2004.

KUNDERA, Milan. *A lentidão*. Tradução de Teresa B. C. da Fonseca e Maria L. N. da Silveira. Rio de Janeiro: Nova Fronteira, 1995.

LISBOA, Henriqueta. *O menino poeta*. Porto Alegre: Mercado Aberto, 1984.

MEIRELES, Cecília. *Ou isto ou aquilo*. Rio de Janeiro: Civilização Brasileira, 1977.

MELO NETO, João Cabral. *Poesias completas (1940-1965)*. Rio de Janeiro: Sabiá, 1968.

MORAES, Vinicius. *A arca de Noé*. Rio de Janeiro: José Olympio, 1978.

MURALHA, Sidonio. *A dança dos picapaus*. Rio de Janeiro: Nórdica, 1976.

MUKAROVSKY, Jan. *Escritos de estética y semiótica del arte*. Barcelona: Gustavo Gili, 1977.

PAES, José Paulo. *É isso ali*. São Paulo: Salamandra, 2005.

PFEIFFER, Johannes. *La poesia. Hacia la comprensión de lo poético*. México: Fondo de cultura económica, 1971.

QUINTANA, Mario. *O batalhão das letras*. São Paulo: Globo, 1992.

RAMONET, Ignazio. *La tyrannie de la communication*. Paris: Galilée, 1999.

RESENDE, Maria Valéria. *No risco do caracol*. Belo Horizonte: Autêntica, 2008.

SIMMEL, Georg. Las grandes ciudades y la vida del espiritu. In: *El individuo y la libertad. Ensayos de crítica de la cultura*. Barcelona: Península, 1998.

SORRENTI, Neusa. *Pintando poesia*. Belo Horizonte: Autêntica, 2008.

VÁRIOS AUTORES. *Tempo de verso*. São Paulo: Mercuryo, 2002.

Este livro foi composto com tipografia Bembo e impresso em Papel Natural 70 g/m² na Formato Artes Gráficas.